Die nächste
Krise

Bist Du vorbereitet ?

"Survival und Krisenschutz"

Impressum:

ISBN 9783757861643

© / Copyright: 2023 Bernd Höhle-Kleinertz

Autor: Bernd Höhle-Kleinertz

1. Auflage

Herstellung und Verlag: BoD – Books on Demand, Norderstedt

Bibliografische Information der Deutschen Nationalbibliothek:

Die Deutsche Nationalbibliothek verzeichnet diese Publikation in der Deutschen Nationalbibliografie; detaillierte bibliografische Daten sind im Internet über http://dnb.d-nb.de abrufbar.

Inhaltsverzeichnis

Vorwort

In einer Welt, die sich mit atemberaubender Geschwindigkeit verändert und uns immer wieder vor neue, unvorhersehbare Herausforderungen stellt, ist die Fähigkeit zur Vorsorge und Anpassung wichtiger denn je. Das vorliegende Buch „Die nächste Krise" ist ein Leitfaden, der darauf abzielt, Leserinnen und Leser auf eine Reise durch die Welt der Notfallvorsorge und des Überlebens zu führen – eine Reise, die sowohl das physische als auch das psychologische Wohlbefinden umfasst.

In einer Zeit, in der Naturkatastrophen, technologische Störungen und gesellschaftliche Umbrüche keine Seltenheit mehr sind, bietet dieses Buch einen umfassenden Einblick in die essenziellen Fähigkeiten, Kenntnisse und Strategien, die notwendig sind, um in einer Vielzahl von Notfallsituationen bestehen zu können. Von der Vorbereitung auf Naturkatastrophen bis hin zur Bewältigung von Krisensituationen – dieses Buch deckt ein breites Spektrum an Themen ab, die für das moderne Überleben entscheidend sind.

Unser Ziel ist es, Ihnen nicht nur praktische Anleitungen und Tipps zur Verfügung zu stellen, sondern auch das Bewusstsein und Verständnis für die Bedeutung von Vorbereitung und Resilienz zu schärfen. Wir möchten Ihnen die Werkzeuge an die Hand geben, die Sie benötigen, um nicht nur zu überleben, sondern auch um in Zeiten der Unsicherheit und des Wandels zu gedeihen.

Das Buch ist eine Sammlung von Wissen und Erfahrungen aus verschiedenen Bereichen – von Experten im Krisenmanagement und Überlebenstraining. Jedes Kapitel ist sorgfältig gestaltet, um Ihnen ein tiefes Verständnis der verschiedenen Aspekte des Krisenschutzes und der Selbstversorgung zu vermitteln.

Wir laden Sie ein, dieses Buch nicht nur als eine Quelle von Informationen, sondern auch als einen Wegweiser zu betrachten, der Ihnen hilft, Ihre eigene Strategie für Vorsorge und Überlebensfähigkeiten zu entwickeln. Möge dieses Buch Sie inspirieren, sich auf Ihre eigene Reise der Vorbereitung und des persönlichen Wachstums zu begeben.

Bereiten Sie sich vor, bleiben Sie wachsam und vor allem – bleiben Sie sicher.

Mit besten Wünschen für Ihre Reise,

Teil I: Einführung und Grundlagen

Einführung in Krisen und Katastrophenschutz

Bedeutung von Krisenprävention

Als ich das Sprichwort "Vorsorge ist besser als Nachsorge" zum ersten Mal hörte, wurde mir klar, wie tiefgreifend diese Worte im Kontext des Krisen- und Katastrophenschutzes sind. Krisen, sei es durch Naturkatastrophen oder menschliches Versagen, treten oft unerwartet auf und können verheerende Folgen haben. Die Kunst der Krisenprävention liegt darin, potenzielle Gefahren frühzeitig zu erkennen und proaktiv Maßnahmen zu ergreifen, um deren Auswirkungen zu verringern oder zu vermeiden. Prävention ist ein entscheidender Schritt, um Chaos und Zerstörung entgegenzuwirken und die Resilienz gegenüber unvorhergesehenen Ereignissen zu stärken.

Aber warum ist Prävention so wichtig? Nun, lassen Sie uns tiefer graben. Krisen und Katastrophen haben das Potenzial, Leben zu zerstören, Gemeinschaften auseinanderzureißen und Jahre des Fortschritts zunichte zu machen. Sie können ganze Städte verwüsten, Familien auseinanderreißen und unvorstellbares Leid verursachen. Doch durch gezielte Vorbereitung und Planung können wir viele dieser tragischen Konsequenzen vermeiden oder zumindest minimieren.

Die Prävention umfasst mehrere Aspekte. Zum einen geht es darum, potenzielle Risiken zu identifizieren. Dies ist nicht immer einfach, denn Risiken können vielfältig sein und von Ort zu Ort variieren. Ein Küstenort muss sich beispielsweise auf Sturmfluten vorbereiten, während eine Stadt in einem Erdbebengebiet andere Prioritäten setzen muss.

Einmal identifiziert, erfordert Prävention die Entwicklung von Plänen und Strategien. Diese reichen von der Errichtung sicherer Gebäude über die Schulung der Bevölkerung in Erster Hilfe bis hin zur Einrichtung effizienter Evakuierungsrouten. Es geht darum, ein Sicherheitsnetz zu schaffen, das stark genug ist, um den Stürmen, die das Leben auf uns wirft, standzuhalten.

Aber Prävention ist nicht nur Aufgabe der Regierungen und großen Organisationen. Jeder einzelne von uns spielt eine entscheidende Rolle. Indem wir Grundkenntnisse in Erster Hilfe erwerben, Notfallkits zusammenstellen und Notfallpläne für unsere Familien erstellen, tragen wir alle zu einem stärkeren, widerstandsfähigeren Gemeinwesen bei. Es ist wie ein Mosaik – jeder kleine Stein trägt zum Gesamtbild bei.

Außerdem geht es bei der Prävention nicht nur um physische Vorbereitung. Es ist ebenso eine Frage der mentalen Bereitschaft. Die Fähigkeit, in einer Krise ruhig und besonnen zu bleiben, kann den Unterschied zwischen Panik und effektiver Reaktion ausmachen. Mentale

Vorbereitung bedeutet, sich mit dem Unvorstellbaren auseinanderzusetzen und Pläne für verschiedene Szenarien zu haben. Es bedeutet, den Mut zu haben, das Unbekannte zu akzeptieren und sich dennoch darauf vorzubereiten.

Im Krisen- und Katastrophenschutzes ist Prävention eine kontinuierliche Aufgabe. Sie erfordert ständige Überprüfung und Anpassung, da sich Risiken im Laufe der Zeit ändern können. Neue Technologien und Erkenntnisse bieten neue Möglichkeiten zur Risikominderung, aber sie können auch neue Herausforderungen mit sich bringen.

Die Bedeutung der Krisenprävention lässt sich kaum überschätzen. In einer Welt, die zunehmend von komplexen und miteinander verbundenen Risiken geprägt ist, ist es wichtiger denn je, vorauszudenken und vorzusorgen. Durch Prävention können wir nicht nur Leben retten und Leid mindern, sondern auch die Widerstandsfähigkeit und das Wohlergehen unserer Gemeinschaften stärken.

Lassen Sie uns also vorausdenken, planen und handeln, damit wir, wenn die Krise kommt, nicht stolpern und fallen, sondern sicher und mit Zuversicht unseren Weg fortsetzen können.

Stellen Sie sich vor, die Erde bebt, die Wellen des Ozeans erheben sich bedrohlich, und plötzlich sind wir alle miteinander verbunden in dem Wunsch, diese Herausforderungen zu überstehen. Dies ist keine Szene aus einem Hollywood-Blockbuster, sondern die Realität von Naturkatastrophen, die uns immer wieder daran erinnern, wie verletzlich wir sind.

Mutter Natur besitzt manchmal eine zerstörerische Kraft, die unsere menschlichen Anstrengungen zunichtemachen kann. Erdbeben, die auftreten, wenn die Erde sich rührt und tektonische Platten Spannungen freisetzen, können in Sekunden Gebäude zum Einsturz bringen und Straßen aufreißen. Hurrikane, die riesigen, wirbelnden Stürme, die über das Meer ziehen, sind mit Winden und Fluten stark genug, um Dächer abzureißen und Städte unter Wasser zu setzen.

Nicht alle Katastrophen sind jedoch von der Natur gemacht. Einige der größten Katastrophen in unserer Geschichte waren das Ergebnis menschlicher Fehler oder technischer Fehlfunktionen. Die nuklearen Katastrophen von Tschernobyl und Fukushima sind schreckliche Beispiele für das Versagen der Technik. Technikkatastrophen können auch subtiler sein, wie der ständige Kampf gegen Umweltverschmutzung und Klimawandel, die langsame, aber tiefgreifende Auswirkungen haben.

Manchmal sind die größten Katastrophen diejenigen, die innerhalb unserer Gesellschaften entstehen. Konflikte, Kriege, Wirtschaftskrisen und Pandemien wie COVID-19 können tiefgreifende Auswirkungen auf die Art und Weise haben, wie wir leben, arbeiten und miteinander interagieren. Die COVID-19-Pandemie beispielsweise versetzte die Welt in einen Zustand des Stillstands und zeigte uns die Wichtigkeit von Resilienz und Anpassungsfähigkeit.

Interessant ist, wie diese verschiedenen Arten von Katastrophen miteinander interagieren und sich gegenseitig beeinflussen können. Ein Naturereignis kann technische und gesellschaftliche Katastrophen auslösen, und umgekehrt können menschliche Aktionen zu Umweltkatastrophen führen, die wiederum soziale und wirtschaftliche Auswirkungen haben. Der Klimawandel, verursacht durch menschliches Handeln, führt zu einer Zunahme von Extremwetterereignissen und damit zu gesellschaftlichen und wirtschaftlichen Herausforderungen.

In einer Welt, die von solch vielfältigen und miteinander verbundenen Katastrophen bedroht ist, ist die Vorbereitung unerlässlich. Wir müssen lernen, Risiken zu erkennen, uns darauf vorzubereiten und uns anzupassen. Dies bedeutet auch, dass wir als Gesellschaft zusammenarbeiten müssen, um widerstandsfähige Gemeinschaften zu schaffen, die sich von den unvermeidlichen Katastrophen erholen und wieder aufbauen können.

Katastrophen mögen beängstigend und überwältigend erscheinen, doch bieten sie uns die Chance, zu lernen, zu wachsen und uns als Gemeinschaft zu stärken. In jedem von uns steckt die Kraft, zum Schutz und zur Widerstandsfähigkeit. Lassen Sie uns diese Herausforderung annehmen und gemeinsam eine sicherere und nachhaltigere Zukunft aufbauen.

In der Auseinandersetzung mit Katastrophen, ob natürlich, technisch oder gesellschaftlich, entdecken wir oft neue Wege der Zusammenarbeit, der Innovation und des menschlichen Mutes. Wir lernen, dass inmitten von Zerstörung und Verwüstung immer noch Hoffnung und die Möglichkeit zur Erneuerung besteht. Wir lernen, dass das Bewusstsein über Risiken und die Fähigkeit, sich anzupassen und wieder aufzubauen, wesentliche Elemente sind, um in einer Welt voller Unsicherheiten zu bestehen.

So stehen wir, bewaffnet mit Wissen und Entschlossenheit, an der vordersten Front im Kampf gegen Katastrophen. Wir stehen zusammen als eine Gemeinschaft, die bereit ist, den Herausforderungen zu begegnen, und als eine Gesellschaft, die in der Lage ist, aus den Trümmern aufzusteigen. Die Geschichte der Menschheit ist voller Beispiele für Überlebenskraft und Widerstandsfähigkeit, und es liegt an uns, diese Tradition fortzusetzen.

Lassen Sie uns also nicht vor Katastrophen zurückschrecken, sondern sie als Gelegenheiten begreifen, um zu lernen, uns zu entwickeln und eine stärkere, weisere und besser vorbereitete Gesellschaft zu bauen. Denn wenn wir eines aus der Geschichte der Katastrophen gelernt haben, dann ist es die Tatsache, dass wir, wenn wir zusammenstehen, jede Herausforderung überwinden können.

- Geschichte des Katastrophenschutzes in Deutschland

Die Geschichte des Katastrophenschutzes in Deutschland ist eine faszinierende Zeitreise, die von den bescheidenen Anfängen der mittelalterlichen Feuerwehrbrigaden bis hin zu den modernen, hochtechnisierten Katastrophenschutzorganisationen von heute reicht. Dieser Weg zeichnet die Entwicklung eines Systems nach, das darauf abzielt, die Bevölkerung vor den vielfältigen Gefahren zu schützen, die in unserer Welt lauern.

Von den Tagen an, als das Läuten der Glocken Alarm schlug und Bürger mit Eimerketten gegen Brände kämpften, hat sich der Katastrophenschutz in Deutschland stetig weiterentwickelt. Mit der industriellen Revolution und der zunehmenden Urbanisierung wurden die Herausforderungen komplexer und die Reaktionen darauf anspruchsvoller. Die Gründung der ersten freiwilligen Feuerwehren in Städten wie Meißen im 19. Jahrhundert markierte den Beginn einer neuen Ära im Katastrophenschutz.

Die Weltkriege stellten eine beispiellose Herausforderung dar und brachten die Notwendigkeit eines umfassenderen Ansatzes für den Zivil- und Katastrophenschutz ans Licht. Luftangriffe und Bombardierungen erforderten die Einrichtung ziviler Schutzprogramme und führten zur Bildung spezialisierter

Organisationen, um auf diese neuen Bedrohungen zu reagieren.

Während des Kalten Krieges verschob sich der Fokus auf die Vorbereitung auf einen möglichen nuklearen Konflikt. Dies war eine Zeit, in der die Angst vor einer nuklearen Katastrophe real und allgegenwärtig war, und in der Schutzbunker und Sirenen Teil des täglichen Lebens wurden. Die deutsche Regierung investierte massiv in Schutzmaßnahmen und die Ausbildung der Bevölkerung für den Fall eines nuklearen Angriffs.

Mit der Wiedervereinigung im Jahr 1990 begann für den Katastrophenschutz in Deutschland ein neues Kapitel. Die Integration der Systeme aus Ost und West erforderte umfangreiche Anpassungen und führte zur Entwicklung eines kohärenteren nationalen Katastrophenschutzsystems.

Heute, im 21. Jahrhundert, steht der Katastrophenschutz in Deutschland vor neuen Herausforderungen. Der Klimawandel, die Zunahme von Extremwetterereignissen und die Notwendigkeit, auf globale Gesundheitskrisen wie Pandemien zu reagieren, erfordern kontinuierliche Innovation und Anpassung. Moderne Technologien wie Drohnen und digitale Kommunikationssysteme haben die Effizienz und Wirksamkeit des Katastrophenschutzes weiter verbessert.

Der deutsche Katastrophenschutz ist heute ein Zusammenspiel aus professionellen Rettungsdiensten, freiwilligen Organisationen und der Unterstützung durch die Bundeswehr. Er basiert auf dem Prinzip, dass die

Sicherheit und das Wohlbefinden der Bürger oberste
Priorität haben. Die ständige Weiterentwicklung und
Modernisierung dieses Systems ist ein Beweis für das
Engagement Deutschlands, seine Bürger vor den
verschiedensten Bedrohungen zu schützen und eine
sichere Zukunft für kommende Generationen zu
gewährleisten.

Die Geschichte des Katastrophenschutzes in Deutschland
ist somit eine Geschichte des Fortschritts, der
Anpassungsfähigkeit und des menschlichen
Engagements. Sie zeigt, wie aus Herausforderungen
Lektionen und aus Lektionen Hoffnung entsteht. In einer
Welt, in der das Unerwartete zur Norm geworden ist,
steht der deutsche Katastrophenschutz als ein starkes
Beispiel für Vorbereitung und Resilienz.

Persönlicher Notfallplan

ʊ   Bedeutung eines Notfallplans

Das Unerwartete scheint nur einen Atemzug entfernt zu sein, daher ist der Notfallplan ein stiller, aber unverzichtbarer Begleiter. Wie ein Kompass in einem stürmischen Meer, bietet er Orientierung und Sicherheit in Zeiten, in denen Chaos und Verwirrung herrschen könnten. Die Bedeutung eines solchen Plans kann nicht hoch genug eingeschätzt werden; er ist das unsichtbare Sicherheitsnetz, das sich unter dem Hochseil unserer Existenz ausspannt.

Stellen Sie sich vor, wie ein Dirigent ein Orchester durch eine komplexe Symphonie führt. In ähnlicher Weise koordiniert der Notfallplan die verschiedenen Aspekte unseres Lebens, um eine harmonische Reaktion auf das Chaos zu ermöglichen. Er gibt den Takt vor, koordiniert die Handlungen und hält die vielfältigen Fäden unseres Lebens zusammen. In seiner Abwesenheit könnten einzelne Abschnitte des Orchesters aus dem Takt geraten und das Konzert des Lebens in Dissonanz versinken.

Ein Notfallplan ist wie ein Leuchtfeuer in der Dunkelheit. In Momenten, in denen die Unsicherheit uns zu verschlingen droht, bietet er ein Licht der Hoffnung und Führung. Er ist das Ergebnis unserer Weitsicht, unserer Vorbereitung und unserer Entschlossenheit, selbst in den schwierigsten Zeiten die Kontrolle zu behalten. Mit jedem Detail, das wir in unseren Plan einarbeiten, wird dieses Licht heller und unsere Zuversicht stärker.

Doch ein Notfallplan ist mehr als nur eine Sammlung von Anweisungen; er ist der Ausdruck unserer menschlichen Resilienz. Er zeigt, dass wir trotz der unvorhersehbaren Natur unseres Daseins die Fähigkeit besitzen, uns anzupassen, zu überleben und sogar zu gedeihen. Jeder Schritt, den wir in Richtung Vorbereitung und Planung unternehmen, ist ein Schritt hin zu größerer Widerstandsfähigkeit und Selbstbestimmung.

In seiner Essenz ist der Notfallplan ein Werkzeug der Hoffnung. In einer Welt, die von Ungewissheit und ständigem Wandel geprägt ist, gibt er uns das Vertrauen, dass wir, egal was passiert, die Mittel und den Mut haben, uns durchzusetzen. Er ist ein Symbol für unsere Entschlossenheit, nicht nur zu überleben, sondern auch unter den härtesten Bedingungen zu florieren.

Die Erstellung eines Notfallplans mag für manche eine mühsame oder gar düstere Aufgabe sein.

Doch in Wahrheit ist sie ein Akt der ultimativen Fürsorge – ein Liebesbrief an unser zukünftiges Selbst und die Menschen, die uns wichtig sind. Mit jedem durchdachten Element, das wir in unseren Plan einbauen, knüpfen wir ein stärkeres Netz des Schutzes und der Sicherheit. Es geht nicht darum, sich auf das Schlimmste zu fixieren, sondern darauf vorbereitet zu sein, das Beste aus jeder Situation zu machen.

In diesem Sinne ist die Erstellung eines Notfallplans ein fortlaufender Prozess. Wie das Leben selbst entwickelt und verändert er sich. Er wächst mit unseren Erfahrungen, passt sich neuen Umständen an und reift mit unserem Verständnis der Welt. Es ist eine lebendige, atmende Karte, die uns durch die unvorhersehbaren Gewässer des Lebens navigiert.

Letztendlich ist der wahre Wert eines Notfallplans nicht in den spezifischen Anweisungen oder Checklisten zu finden, sondern in dem Gefühl der Sicherheit und Zuversicht, das er uns gibt. Es ist das Wissen, dass wir, egal welche Herausforderungen oder Stürme auf uns zukommen mögen, einen Plan haben, eine Strategie, um sie zu bewältigen. In einer Welt, in der so vieles außerhalb unserer Kontrolle liegt, gibt uns der Notfallplan ein Stück Macht zurück – die Macht, unser Schicksal zu beeinflussen, unsere Liebsten zu schützen und der Ungewissheit mit einem Plan entgegenzutreten.

Ein Leitfaden für das Chaos-Management, in einer Welt, die ständig in Bewegung ist und wo das Unerwartete jederzeit um die Ecke lauern kann, gleicht die Erstellung eines Notfallplans eher einer Kunst als einer exakten Wissenschaft. Es ist ein Prozess, der nicht nur logisches Denken erfordert, sondern auch Kreativität und Vorstellungskraft.

Stellen Sie sich vor, Sie würden eine Landkarte zeichnen, die Sie durch das Labyrinth des Chaos führt. Der erste Schritt auf dieser Karte ist die Erkenntnis, dass Risiken überall lauern können. Von den lauernden Gefahren natürlicher Ereignisse bis hin zu den subtilen Bedrohungen durch menschengemachte Probleme – das Erkennen dieser Gefahren ist der Ausgangspunkt für Ihre Reise.

Mit dem Wissen um diese Risiken rüsten Sie sich für die nächste Phase: das Zusammenstellen Ihres Teams. In jeder guten Geschichte gibt es eine Gruppe von Charakteren, die zusammenarbeiten, um das Ziel zu erreichen. In Ihrem Notfallplan sind dies Ihre Familie, Freunde und Nachbarn. Jeder bringt seine eigene Persönlichkeit, Stärken und Schwächen mit. Wie ein Dirigent, der ein Orchester leitet, müssen Sie sicherstellen, dass jeder seine Rolle kennt und harmonisch mit den anderen zusammenarbeitet.

Nun, da Sie Ihre Risiken erkannt und Ihr Team
zusammengestellt haben, müssen Sie Ihren Plan
entwerfen. Wie ein Drehbuchautor, der die Szenen eines
Films skizziert, müssen Sie jeden Aspekt Ihres Plans
sorgfältig durchdenken. Wo ist der Treffpunkt im Falle
einer Evakuierung? Wie bleiben Sie in Kontakt, wenn die
üblichen Kommunikationswege versagen? Wie können
Sie sich und anderen in verschiedenen Szenarien helfen?
Dieser Plan ist Ihr Manuskript für das Überleben.

Ein Plan ohne die richtigen Werkzeuge ist jedoch nur ein
Stück Papier. Hier kommt Ihr Notfallkit ins Spiel, das
wie eine gut sortierte Requisitenkiste in einem
Theaterstück ist. Sie benötigen Grundnahrungsmittel,
Wasser, Medikamente, Taschenlampen, Batterien,
wichtige Dokumente und spezielle Gegenstände, die Sie
oder Ihre Angehörigen benötigen könnten. Stellen Sie
sich vor, Sie würden ein Überlebenspaket für eine
Expedition in unbekanntes Territorium zusammenstellen.

Aber auch das beste Drehbuch und die besten Requisiten
sind nutzlos, wenn die Schauspieler nicht wissen, wie sie
ihre Rollen spielen sollen. Hier kommt die Übung ins
Spiel. Wie ein Theaterensemble, das für die große
Aufführung probt, müssen Sie und Ihr Team Ihren
Notfallplan regelmäßig üben. Stellen Sie sicher, dass
jeder seine Rolle kennt und was zu tun ist, wenn der
"Vorhang aufgeht". Übung macht den Meister, und im
Falle einer Krise können diese Proben lebensrettend sein.

Natürlich ist Flexibilität der Schlüssel zu einer
erfolgreichen Aufführung. Ein Notfallplan ist kein starres
Skript, sondern muss an veränderte Umstände angepasst

werden können. Überprüfen Sie Ihren Plan regelmäßig und seien Sie bereit, ihn zu ändern, wenn sich Situationen ändern – sei es ein Umzug, eine Veränderung in der Familiendynamik oder neue Informationen über lokale Risiken. Es ist, als würde man das Skript mitten in der Produktion umschreiben, um auf unerwartete Wendungen zu reagieren.

Inmitten all dieser Planung und Vorbereitung darf die mentale Stärke nicht vernachlässigt werden. In einer Krisensituation ist eine ruhige und klare Denkweise entscheidend. Es ist wichtig, Strategien zur Stressbewältigung und Angstabbau zu entwickeln. Ob es Meditation, regelmäßige Gespräche oder einfache Atemübungen sind, die Fähigkeit, die Nerven zu behalten, ist ein unverzichtbarer Teil Ihres Notfallplans.

Die Erstellung eines Notfallplans ist wie das Malen eines Gemäldes, das Schicht für Schicht entsteht. Jeder Pinselstrich trägt zum Gesamtbild bei. Mit jedem überprüften und angepassten Plan wächst Ihre Fähigkeit, auf das Unerwartete zu reagieren. Ihr Notfallplan ist Ihre persönliche Strategie, um die Herausforderungen zu meistern, die das Leben auf Sie wirft.

Mit kluger Planung, regelmäßiger Übung und einem starken Netzwerk sind Sie bereit, die Regie in jeder Krisensituation zu übernehmen. Es ist Ihr Fahrplan durch das Chaos, Ihr Leitfaden für das Unbekannte und Ihr Kompass in stürmischen Zeiten. Mit einem gut durchdachten, individuell angepassten Plan sind Sie und Ihre Lieben bereit, jeder Herausforderung zu begegnen und als Sieger daraus hervorzugehen.

o Anpassung des Plans an individuelle
Bedürfnisse

In der Zeit des Unvorhersehbaren, wo das Leben oft
mehr Wendungen nimmt als ein rasanter Krimi, ist die
Erstellung eines Notfallplans eine Art Sicherheitsanker.
Dieser Plan ist kein starres Regelwerk, sondern ein
lebendiges Dokument, das sich den einzigartigen
Anforderungen und Bedürfnissen jedes Einzelnen
anpasst. Es ist eine maßgeschneiderte Karte, die uns
durch das Labyrinth des Lebens navigiert, insbesondere
in Zeiten, wenn die Wege unklar und die Richtungen
verschwommen sind.

Stellen Sie sich einen Notfallplan nicht als ein
Allgemeinrezept vor, sondern eher als ein fein
abgestimmtes Rezeptbuch, das speziell für Ihre
familiären Bedürfnisse, Ihre Lebensumstände und Ihre
Umgebung konzipiert ist. Es beginnt mit einem tiefen
Verständnis für die Personen, für die Sie planen. Ob es
sich um ältere Familienmitglieder mit speziellen
medizinischen Bedürfnissen, Kinder mit ihrer eigenen
Dynamik und Anforderungen oder Haustiere, die ein
fester Bestandteil Ihrer Familie sind, handelt – jeder
Aspekt muss bedacht und in den Plan integriert werden.

Die Anpassung des Notfallplans erfordert auch eine
genaue Betrachtung Ihrer Umgebung. Leben Sie in einem
Erdbebengebiet oder in einer Region, die häufig von
Überschwemmungen betroffen ist? Jede geografische
Lage stellt ihre eigenen Herausforderungen dar und

erfordert spezifische Vorbereitungen und Strategien. Dies könnte bedeuten, dass Sie unterschiedliche Fluchtpläne für verschiedene Arten von Katastrophen entwickeln oder spezielle Vorräte und Ausrüstungen bereithalten müssen.

Ein wichtiger Aspekt bei der Anpassung Ihres Plans ist die Kommunikation. In einer Krisensituation kann die Art und Weise, wie Sie kommunizieren, entscheidend sein. Es geht nicht nur darum, einen Treffpunkt festzulegen oder zu entscheiden, wer wen anruft. Vielmehr geht es darum, sicherzustellen, dass jeder in Ihrem Haushalt versteht, wie er in verschiedenen Situationen reagieren soll. Für Kinder können Sie beispielsweise leicht verständliche Anleitungen erstellen und regelmäßige Familienbesprechungen abhalten, um den Plan zu diskutieren und Fragen zu beantworten.

Flexibilität ist der Schlüssel zur Anpassung Ihres Plans. Das Leben ist ständig im Wandel, und Ihr Notfallplan sollte dies widerspiegeln. Eine jährliche Überprüfung des Plans ist eine gute Praxis, um sicherzustellen, dass er aktuell bleibt. Bei Änderungen in der Familiendynamik, bei Umzügen oder bei neuen Informationen über lokale Risiken sollte der Plan entsprechend aktualisiert werden.

Ein gut angepasster Notfallplan ist mehr als eine Vorbereitungsmaßnahme; er ist ein Zeichen der Fürsorge und des Schutzes für Ihre Familie. Er zeigt, dass Sie sich die Zeit genommen haben, über das Wohl jedes Einzelnen nachzudenken und dass Sie alles in Ihrer Macht Stehende tun, um sie in jeder Situation zu schützen. In einer Zeit voller Unsicherheiten bietet Ihr

Notfallplan ein beruhigendes Gefühl der Vorbereitung und Sicherheit, ein ruhiges Wissen, dass, was auch immer kommen mag, Sie bereit sind, es gemeinsam zu meistern.

Vorratshaltung und Lebensmittelbeschaffung

o   Grundlagen der Vorratshaltung

In der Notfallvorsorge ist die Kunst der Vorratshaltung ein farbenfrohes Abenteuer, das gleichzeitig eine Versicherung gegen das Unerwartete ist. Wie ein sorgfältig gepflegter Garten, der im Notfall als Nahrungsquelle dient, ist auch ein gut bestückter Vorratsschrank ein beruhigendes Zeichen der Weitsicht und Fürsorge.

Stellen Sie sich die Vorratshaltung als das Zusammenstellen einer vielseitigen Speisekarte für ein unerwartetes Festmahl vor. Dieses Menü muss für alle Eventualitäten gerüstet sein: von einem plötzlichen Schneegestöber bis hin zu einem Stromausfall. Die Grundnahrungsmittel in Ihrer Speisekammer – Reis, Pasta, Hülsenfrüchte – sind wie die Hauptgerichte. Konserven mit Gemüse, Früchten, Fleisch und Fisch sind die vielseitigen Beilagen, die jederzeit bereit sind, Ihren Teller zu bereichern. Gewürze und Kräuter, die kleinen Geschmacksmeister, fügen die nötige Würze hinzu und verwandeln jedes einfache Gericht in eine Köstlichkeit.

Bei der Zusammenstellung Ihrer Vorräte geht es darum, eine ausgewogene Mischung zu schaffen, die den Nährstoffbedarf Ihrer Familie deckt. Denken Sie an ein kulinarisches Ballett, bei dem Proteine, Kohlenhydrate, Fette sowie Vitamine und Mineralstoffe harmonisch zusammenwirken. Dabei ist es wichtig, die Haltbarkeit und Lagerung der Lebensmittel zu beachten. Ein trockener, kühler Lagerort ist ideal, und durch regelmäßiges Rotieren der Vorräte vermeiden Sie, dass Lebensmittel ablaufen und ungenutzt bleibe.

Wasser ist das unverzichtbare Element in Ihrem Vorrat. Nicht nur für den Durst, sondern auch für die Zubereitung von Speisen und die persönliche Hygiene. Neben Wasser sind es die kleinen Extras wie Kaffee, Tee oder Schokolade, die in schwierigen Zeiten für Trost sorgen können. Diese kleinen Freuden, ob ein heißer Kaffee am Morgen oder ein Stück Schokolade am Abend, können in stressigen Zeiten wahre Wunder bewirken.

Eine gut sortierte Vorratskammer ist mehr als nur eine Sammlung von Lebensmitteln; sie ist ein Symbol Ihrer Fähigkeit, für das Unerwartete zu planen und gleichzeitig das Leben zu genießen. Es ist eine Praxis, die nicht nur Sicherheit bietet, sondern auch die Möglichkeit eröffnet, auch in schwierigen Zeiten kulinarisch zu experimentieren und zu gedeihen.

Die regelmäßige Überprüfung und Aktualisierung Ihrer Vorräte ist ein wichtiger Teil dieses Abenteuers. Es ist wie das Hinzufügen neuer Rezepte zu einem Lieblingskochbuch, immer bereit, etwas Neues und Aufregendes zu probieren. So werden Sie nicht nur für das Unerwartete gewappnet sein, sondern auch die Freude am Kochen und Genießen bewahren, egal was das Leben für Sie bereithält.

In der Notfallvorsorge ist die Auswahl der richtigen Lebensmittel und die Sicherstellung einer angemessenen Wasserversorgung so essenziell wie die Auswahl der perfekten Zutaten für ein Gourmet-Dinner unter Sternen. Es ist ein kulinarisches Abenteuer, das Genauigkeit, Weitblick und eine Prise Kreativität erfordert. Stellen Sie sich vor, Sie wären ein Meisterkoch, der für das größte Dinner seiner Karriere plant. Nur dass in diesem Fall das "Dinner" unerwartet kommt und die "Gäste" Ihre Überlebensinstinkte sind. Ihre Speisekammer und Ihr Wasserreservoir sind Ihre Küche und Ihre Wasserbar, und Ihre Aufgabe ist es, diese so auszustatten, dass sie auch in den turbulentesten Zeiten bestehen können.

Die Speisekammer des Meisterkochs sollte eine ausgewogene Mischung aus Proteinen, Kohlenhydraten und Fetten bieten. Stellen Sie sich eine Palette von getrockneten Hülsenfrüchten, wie Linsen und Bohnen, vor, perfekt für Eintöpfe und Beilagen. Dazu kommen Getreideprodukte wie Reis, Pasta und Quinoa, die als Grundlage für zahlreiche Gerichte dienen können. Konserven sind Ihre geheimen Sterne am kulinarischen Himmel. Sie bieten nicht nur eine lange Haltbarkeit, sondern können auch schnell in nahrhafte Mahlzeiten verwandelt werden. Und vergessen Sie nicht die magische Welt der Gewürze und Kräuter – sie verwandeln jedes noch so einfache Gericht in eine Geschmacksexplosion.

Wasser ist das Elixier des Lebens und in einer
Notsituation Ihr flüssiges Gold. Jeder Mensch benötigt
pro Tag etwa zwei Liter Wasser. Doch vergessen Sie
nicht, auch Wasser für Kochzwecke und grundlegende
Hygiene einzuplanen. Große Wasserkanister sind
praktisch, aber auch kleinere Flaschen können nützlich
sein, um das Wasser an verschiedenen Stellen im Haus
zu verteilen. Überlegen Sie sich auch Möglichkeiten zur
Wasserreinigung – sei es durch spezielle Filter oder
durch einfache Siedemethoden.

Das Schöne an der Vorratshaltung ist, dass sie auch ein
Spielplatz für Ihre kulinarische Fantasie sein kann.
Experimentieren Sie mit verschiedenen Kombinationen
und entdecken Sie neue Lieblingsrezepte. Vielleicht wird
eine Dose Thunfisch, kombiniert mit Tomaten und
einigen Gewürzen, zu einer exzellenten Pasta-Sauce,
oder ein einfacher Reispudding mit Konservenfrüchten
wird zum Highlight des Tages.

In den Regalen Ihrer Notfall-Speisekammer liegt nicht
nur die Grundlage für Ihre Ernährung in Krisenzeiten,
sondern auch die Würze des Lebens. Die richtige
Auswahl an Lebensmitteln und Wasser gibt Ihnen nicht
nur Sicherheit, sondern auch die Freiheit, die
Herausforderungen, die vor Ihnen liegen, mit Zuversicht
und einem Hauch von Genuss anzugehen.

Letztendlich ist Ihre rotierende Vorratshaltung mehr als
nur eine Sammlung von Lebensmitteln und Wasser. Es
ist ein Menü der Hoffnung, eine kulinarische
Vorbereitung auf das Unerwartete, die zeigt, dass Sie
bereit sind, sich und Ihre Lieben zu versorgen, komme

was wolle. Mit jedem Griff in Ihre Speisekammer oder
zu Ihrem Wasserreservoir erinnern Sie sich daran, dass
Sie für das Unerwartete gerüstet sind. In dieser Welt, in
der das Unerwartete jederzeit eintreffen kann, ist Ihre
Vorratshaltung ein leuchtendes Beispiel für Ihre
Weitsicht, Ihre Fürsorge und Ihren unerschütterlichen
Optimismus.

Teil II: Krisenszenarien und ihre Bewältigung

Umgang mit Stromausfällen

o Ursachen und Auswirkungen von
  Stromausfällen

Heutzutage, wo das sanfte Summen der Elektrizität ein
konstantes Hintergrundgeräusch unseres Alltags ist, kann
ein Stromausfall eine Art unerwartete Pause sein, eine
unerwartete Stille, die uns aus unseren gewohnten
Bahnen wirft. Diese Ausfälle, obwohl oft kurz und
harmlos, bringen eine Fülle von Erkenntnissen und
Abenteuern mit sich.

Beginnen wir mit den Ursachen, die so vielfältig sind wie
die Geschichten, die wir jeden Tag schreiben.
Naturereignisse wie Stürme, Blitze und schwere
Schneefälle können Kabel und Transformatoren
beschädigen. Manchmal sind es menschliche Fehler oder
technische Pannen, die zu einer plötzlichen Dunkelheit
führen. In seltenen Fällen kann sogar ein kleines Tier, das
sich an der falschen Stelle befindet, einen Dominoeffekt
auslösen, der ganze Stadtteile in Dunkelheit hüllt.

Die Auswirkungen eines Stromausfalls sind so
facettenreich wie ein gut geschliffener Diamant. Plötzlich
sind wir abgeschnitten von der Welt der ständigen
Konnektivität und Bequemlichkeit. Die Lichter
erlöschen, der Kühlschrank verstummt, und wir finden
uns zurückgeworfen in eine Zeit, die einfacher, aber auch
herausfordernder ist.

Ein konstanter Fluss von Elektrizität der unseren Alltag beleuchtet, wirkt ein Stromausfall wie eine plötzliche Rückkehr in eine längst vergessene Ära. Diese unerwarteten Unterbrechungen des Stromflusses, obwohl oft kurz und nur selten wirklich gefährlich, bringen uns zurück zu den Grundlagen des Lebens und eröffnen uns eine Welt voller Improvisation, Erfindungsreichtum und Gemeinschaft.

Beginnen wir mit dem Moment des Ausfalls. Die Welt wird still, die Lichter erlöschen, und plötzlich ist es, als würde das moderne Leben auf Pause gesetzt. In diesem ersten Moment der Dunkelheit ist es wichtig, Ruhe zu bewahren. Ein Stromausfall ist in der Regel kein Grund zur Panik, sondern vielmehr eine ungewöhnliche Unterbrechung unseres Alltags.

Der erste Schritt besteht darin, eine alternative Lichtquelle zu finden. Taschenlampen, Kerzen, sogar das leichte Glühen eines Handys können helfen, die unmittelbare Dunkelheit zu durchbrechen. Es ist wie das Entzünden eines Leuchtfeuers in einer alten Erzählung – ein Symbol der Hoffnung und Orientierung.

Ein gut vorbereitetes Notfallkit ist in solchen Situationen von unschätzbarem Wert. Es sollte grundlegende Gegenstände wie Batterien, Taschenlampen, Streichhölzer und Kerzen enthalten. Stellen Sie sich vor, Sie wären ein Entdecker, der seine Ausrüstung für eine ungewisse Reise zusammenstellt – jedes Stück in Ihrem Notfallkit ist ein wesentlicher Bestandteil Ihrer Ausrüstung.

Ein weiterer wichtiger Aspekt ist die Nahrung. Bei einem Stromausfall funktionieren Kühlschrank und Herd möglicherweise nicht mehr. Es ist Zeit, sich auf haltbare Lebensmittel wie Konserven und Trockenvorräte zu verlassen. Wasser ist ebenfalls ein kritisches Element. Stellen Sie sicher, dass Sie genügend Trinkwasser zur Verfügung haben, da die Wasserversorgung durch den Ausfall beeinträchtigt sein könnte. Es ist wie das Zusammenstellen eines Menüs für ein ungeplantes Picknick – einfache, aber nahrhafte Lebensmittel, die Sie und Ihre Familie durch die Dunkelheit bringen.

In einer Welt, die stark von elektrischer Kommunikation abhängt, wird ein Stromausfall zu einer Herausforderung in Sachen Informationsfluss. Ein batteriebetriebenes Radio kann ein Fenster zur Außenwelt sein, das wichtige Nachrichten und Updates liefert. Handyakkus sollten sparsam verwendet werden, und es ist ratsam, alternative Kommunikationsmittel wie Festnetztelefone oder Amateurfunkgeräte zu berücksichtigen.

Ein Stromausfall birgt auch Sicherheitsrisiken. Überprüfen Sie Ihre Rauchmelder und achten Sie darauf, offene Flammen sicher zu verwenden, um die Gefahr von Bränden zu minimieren. Schalten Sie alle elektrischen Geräte aus, die beim Wiedereinschalten des Stroms Probleme verursachen könnten.

Doch trotz aller Herausforderungen bietet ein Stromausfall auch Gelegenheiten. Es ist eine Chance, vom hektischen Alltag abzuschalten und sich auf die einfachen Freuden des Lebens zu besinnen. Es kann eine Zeit sein, in der Familien zusammenkommen, um Gesellschaftsspiele zu spielen, Geschichten zu erzählen und gemeinsam zu lachen, frei von den Ablenkungen der modernen Technologie.

Wenn der Strom schließlich zurückkehrt, ist es oft ein Moment der Erleichterung und des Neubeginns. Die Dunkelheit weicht dem Licht, und das Leben kehrt zu seinem gewohnten Rhythmus zurück. Doch die Erinnerungen und Lektionen, die während des Stromausfalls gelernt wurden, bleiben bestehen. Sie erinnern uns an unsere Fähigkeit, uns anzupassen, die Bedeutung der Vorbereitung und die Freude an einfachen Dingen.

Stromausfälle sind somit mehr als nur vorübergehende Unannehmlichkeiten; sie sind eine Lektion in Geduld, Anpassungsfähigkeit und der Wertschätzung für das, was wir haben. In jeder Unterbrechung steckt eine Geschichte, eine Möglichkeit, zu lernen, zu wachsen und sich daran zu erinnern, dass im Leben – trotz seiner Unvorhersehbarkeit – immer ein Funken Hoffnung und Licht zu finden ist.

o   Langzeitbewältigungsstrategien ohne
    Strom

In einer Welt, in der wir uns an die stetige Verfügbarkeit
von Strom gewöhnt haben, kann ein längerer
Stromausfall wie ein Sprung in eine unbekannte Realität
wirken. Diese unerwarteten Episoden ohne Elektrizität
fordern uns heraus, unsere gewohnten Routinen neu zu
denken und uns auf alte, fast vergessene Weisen des
Lebens zu besinnen.

Wenn plötzlich die Lichter ausgehen, beginnt eine Zeit
der Improvisation und des erfinderischen Denkens. Die
erste Herausforderung ist die Beleuchtung. Kerzen und
Taschenlampen, die in unseren modernen Haushalten
eher als Dekoration oder für Notfälle gedacht sind,
rücken in den Mittelpunkt unseres Lebens. Die
flackernden Kerzen und das begrenzte Licht der
Taschenlampen hüllen unsere Umgebung in ein sanftes,
beruhigendes Licht, das uns an vergangene Zeiten
erinnert, in denen Elektrizität noch ein Luxus war.

Die Zubereitung von Mahlzeiten wird zu einem kreativen
Unterfangen. Ohne den Komfort von elektrischen Herden
oder Mikrowellen entdecken wir neue oder alte
Methoden des Kochens wieder. Ob es das Grillen im
Freien, das Kochen auf einem Campingkocher oder das
Zubereiten einfacher, nicht kochbedürftiger Speisen ist,
jede Mahlzeit wird zu einem kleinen Abenteuer. Es
entsteht eine neue Wertschätzung für einfache, nahrhafte

Lebensmittel und die Freude am gemeinsamen Kochen und Essen.

In kälteren Klimazonen stellt die Wärmeerzeugung eine zusätzliche Herausforderung dar. Die Fähigkeit, ein Feuer zu entfachen und zu unterhalten, wird nicht nur zur Quelle der Wärme, sondern auch zum Zentrum des familiären Zusammenlebens. Um ein Feuer herum versammelt, erzählen wir Geschichten, teilen Erfahrungen und finden Trost in der Gemeinschaft.

Die Unterhaltung während eines Stromausfalls erinnert uns an die Freuden, die unabhängig von Technologie sind. Bücher, Gesellschaftsspiele und kreative Hobbys bieten nicht nur Ablenkung, sondern stärken auch die familiären Bindungen und die kreative Entfaltung. In diesen Momenten ohne Strom entdecken wir vielleicht wieder die Freude an einfachen Dingen, an Gesprächen ohne Ablenkung durch Bildschirme oder an der Ruhe, die sich einstellt, wenn alle elektronischen Geräte verstummen.

Ein Stromausfall, so herausfordernd er auch sein mag, ist auch eine Gelegenheit, innezuhalten und das Leben aus einer anderen Perspektive zu betrachten. Er lehrt uns, über unsere Abhängigkeit von Technologie nachzudenken, fördert unsere Fähigkeit zur Anpassung und erinnert uns daran, wie wichtig es ist, für unvorhersehbare Ereignisse vorbereitet zu sein. In diesen stillen, dunklen Stunden finden wir vielleicht ein tieferes Verständnis für das, was im Leben wirklich wichtig ist – Verbindung, Resilienz und die einfache Freude an der menschlichen Erfahrung.

Dokumentensicherung

o Wichtige Dokumente und ihre Sicherung

In unseren kunterbunten Alltag, wo jeder Tag neue
Geschichten schreibt, sind unsere wichtigsten
Dokumente wie kostbare Relikte einer vergangenen
Expedition. Sie sind die Zeugnisse unserer Existenz, der
Pfade, die wir gewählt haben, und der Schlüssel zu vielen
Türen unserer Zukunft. Die Sicherung dieser Dokumente
ist daher eine Kunst für sich, eine, die Sorgfalt,
Voraussicht und eine Prise Geheimagenten-Flair
erfordert.

Stellen Sie sich vor, Sie hätten eine Schatzkiste, gefüllt
mit all den wichtigen Papieren, die Ihr Leben definieren.
Geburtsurkunden, die Ihre Existenz belegen,
Heiratsurkunden, die die Verbindung zweier Seelen
dokumentieren, Reisepässe, die als Eintrittskarte zu
fernen Ländern dienen, und Testamente, die Ihre
Wünsche und Hoffnungen für die Zukunft festhalten.
Jedes dieser Dokumente ist ein unersetzliches Stück Ihres
Lebenspuzzles.

Die Aufbewahrung dieser wertvollen Papiere gleicht der
Suche nach dem perfekten Versteck. Ein feuer- und
wassergeschützter Safe kann hierbei Ihr bester Freund
sein. Er ist wie ein unauffälliger Wächter, der still und
leise Ihre wertvollsten Geheimnisse bewacht. Für den
Fall, dass Sie schnell reagieren müssen, wie zum Beispiel

bei einer Evakuierung, ist eine tragbare, sichere Aufbewahrungsmethode ebenfalls unerlässlich. Denken Sie an eine Art Schatztruhe, die Sie immer bei sich tragen können.

In der digitalen Ära ist es auch klug, Kopien Ihrer wichtigsten Dokumente anzufertigen. Wie ein Spion, der seine Geheimnisse in verschiedenen Verstecken sichert, können Sie digitale Kopien auf verschlüsselten Laufwerken oder in sicheren Cloud-Diensten aufbewahren. Diese Kopien bieten einen zusätzlichen Schutz, sollten Ihre Originale verloren gehen oder beschädigt werden.

Das Leben ist ein ständig fließender Fluss, und genauso müssen auch Ihre wichtigen Dokumente regelmäßig überprüft und aktualisiert werden. Änderungen in Ihrer Lebenssituation, wie ein Umzug, eine Heirat oder die Geburt eines Kindes, erfordern eine Aktualisierung Ihrer Dokumente. Es ist, als würden Sie die Karte Ihres Lebens regelmäßig neu zeichnen, um sicherzustellen, dass sie immer den aktuellen Stand Ihrer Reise wiedergibt.

In der Welt der Dokumentensicherung geht es nicht nur um den physischen Schutz dieser Papiere. Es geht um die Bewahrung Ihrer Geschichte, Ihrer Identität und Ihrer Rechte. Es ist eine stille, aber wesentliche Aufgabe, die Sie in die Lage versetzt, in Momenten der Not auf festem Boden zu stehen. Wie ein Kapitän, der sein Schiff durch stürmische See navigiert, geben Ihnen diese Dokumente die Sicherheit und das Wissen, dass Sie für alle Eventualitäten gerüstet sind.

In diesem Prozess entdecken wir vielleicht auch die Bedeutung dieser Dokumente neu – nicht nur als bürokratische Notwendigkeiten, sondern als Schlüssel zu den vielen Türen unseres Lebens. Sie erzählen Geschichten von unseren Reisen, unseren Beziehungen, unseren Errungenschaften und Träumen. Sie sind stumme Zeugen unserer Lebensreise, und ihre sichere Aufbewahrung ist eine Hommage an die vielen Kapitel, die wir bereits geschrieben haben und noch schreiben werden.

So wird die Sicherung unserer wichtigsten Dokumente zu einer spannenden Reise in sich selbst – einer Reise, die Sorgfalt, Aufmerksamkeit und eine ständige Bereitschaft zur Anpassung erfordert. In der ruhigen Sicherheit dieser gut gehüteten Schätze liegt das Wissen, dass wir, egal was das Leben für uns bereithält, immer bereit sind, das nächste Kapitel zu beginnen.

Praktische Vorbereitung auf Evakuierung

o   Planung für eine Evakuierung

Die Planung für eine Evakuierung eine wesentliche Aufgabe, die sowohl Voraussicht als auch Sorgfalt erfordert. Sie ist vergleichbar mit der Vorbereitung auf eine ungewisse Reise, bei der das Ziel unbekannt ist und die Bedingungen sich schnell ändern können. Ein gut durchdachter Evakuierungsplan gibt Sicherheit in einer Situation, die ansonsten von Unsicherheit geprägt sein kann.

Der erste Schritt in diesem Prozess ist die Zusammenstellung eines Notfall-Kits. Dieses sollte grundlegende Bedarfsartikel wie Wasser, haltbare Lebensmittel, eine Erste-Hilfe-Ausrüstung, wichtige Dokumente, zusätzliche Kleidung und persönliche Gegenstände umfassen. Es ist wie das Packen eines Koffers, in dem alles enthalten sein muss, was man für einige Tage außerhalb des eigenen Zuhauses benötigt.

Neben dem Notfall-Kit ist die Planung der Evakuierungsrouten und Treffpunkte von entscheidender Bedeutung. Es ist ratsam, mehrere Optionen in Betracht zu ziehen, da einige Wege unter Umständen blockiert sein könnten. Diese Routen sollten mit allen Mitgliedern des Haushalts besprochen und klar verstanden werden, sodass jeder weiß, wohin er gehen und was er tun muss, falls eine rasche Evakuierung erforderlich wird.

Kommunikation spielt bei einer Evakuierung eine wichtige Rolle. In Zeiten, in denen das gewohnte Kommunikationsnetz möglicherweise gestört ist, sollten Sie einen Plan haben, wie Sie mit Familienmitgliedern, Freunden oder Notdiensten in Kontakt bleiben können. Dies könnte das Festlegen eines bestimmten Treffpunkts oder die Vereinbarung alternativer Kommunikationsmittel beinhalten.

Flexibilität ist ebenfalls ein Schlüsselelement in der Evakuierungsplanung. Obwohl es wichtig ist, einen Plan zu haben, müssen Sie auch bereit sein, diesen Plan anzupassen, wenn sich die Umstände ändern. Das Leben ist unvorhersehbar, und eine flexible Herangehensweise ermöglicht es Ihnen, effektiv auf unerwartete Herausforderungen zu reagieren. Es ist ähnlich wie beim Steuern eines Schiffes durch raue Gewässer; man muss bereit sein, den Kurs anzupassen, um sicher durchzukommen.

Darüber hinaus ist es wichtig, regelmäßig Übungen und Überprüfungen des Evakuierungsplans durchzuführen. Dies gewährleistet, dass jeder in der Familie oder Wohngemeinschaft weiß, was zu tun ist, und dass alle Ausrüstungen und Vorräte aktuell und funktionsfähig sind. Denken Sie daran, es ist besser, vorbereitet zu sein und keinen Plan zu benötigen, als in einer Notsituation ohne Plan dazustehen.

Zu guter Letzt sollten Sie bei der Planung einer Evakuierung auch an Haustiere denken. Stellen Sie sicher, dass für sie ebenfalls Vorräte und Transportmittel bereitstehen. Haustiere sind ein Teil der Familie und ihre

Bedürfnisse sollten in jedem Notfallplan berücksichtigt werden.

Die Planung für eine Evakuierung ist somit ein wesentlicher Bestandteil eines umfassenden Notfallvorsorgeplans. Sie bietet nicht nur Sicherheit im Falle einer Krise, sondern auch ein Gefühl der Kontrolle über unvorhersehbare Ereignisse. Mit einem soliden Plan, der regelmäßig überprüft und aktualisiert wird, können Sie und Ihre Liebsten beruhigt sein, für den Fall der Fälle gerüstet zu sein.

Inhalte eines Notgepäcks
In der Welt der Notfallvorsorge ist das Zusammenstellen eines Notgepäcks eine Aufgabe, die sowohl Weitsicht als auch eine Prise Abenteuergeist erfordert. Es ist vergleichbar mit dem Packen eines Koffers für eine Reise ins Unbekannte, wo man auf alles vorbereitet sein muss, ohne genau zu wissen, was einen erwartet.

Das Notgepäck, oft auch als „Bug-Out Bag" bezeichnet, ist Ihr treuer Begleiter in Situationen, in denen Sie schnell und effizient handeln müssen. Es ist wie ein magischer Rucksack, der mit allem ausgestattet ist, was Sie für die ersten 72 Stunden nach einer Notsituation benötigen könnten.

Stellen Sie sich vor, Sie wären ein Entdecker, der sich auf eine Expedition vorbereitet. Jeder Gegenstand in Ihrem Notgepäck hat seinen Zweck. Die Grundlage bildet Wasser – das Elixier des Lebens. Flaschen mit Trinkwasser sind unerlässlich, ebenso wie Mittel zur Wasseraufbereitung, sei es in Form von Tabletten oder einem tragbaren Filter. Wasser ist nicht nur zum Trinken wichtig, sondern auch für die grundlegende Hygiene.

Als Nächstes kommt die Nahrung. In Ihrem Notgepäck sollten sich energiereiche, haltbare Lebensmittel befinden, die einfach zu transportieren sind und keine Zubereitung benötigen. Denken Sie an Energieriegel, Trockenfrüchte und Nüsse – Nahrungsmittel, die kompakt sind, aber viel Energie liefern.

Ein wichtiger Aspekt ist die Kleidung. Hier zählt Funktionalität über Stil. Packen Sie Kleidung ein, die Sie warm und trocken hält und die in verschiedenen Wetterbedingungen tragbar ist. Eine Regenjacke, warme Socken und eine Mütze können lebensrettend sein, wenn das Wetter umschlägt.

Neben Kleidung und Nahrung sollte Ihr Notgepäck auch ein Messer, Multitool, Taschenlampe und Erste-Hilfe-Material enthalten. Ein Erste-Hilfe-Set mit den grundlegenden Dingen wie Pflastern, Desinfektionsmitteln, Schmerzmitteln und Verbandsmaterial ist entscheidend. Es ist wie das Mitführen einer eigenen kleinen Krankenstation.

Kommunikationsmittel sind in einer Notfallsituation von unschätzbarem Wert. Ein geladenes Mobiltelefon mit einer zusätzlichen Powerbank kann eine Lebenslinie zur Außenwelt sein. Eine Pfeife oder ein Signal-Spiegel können ebenfalls nützlich sein, um im Notfall auf sich aufmerksam zu machen.

Neben all diesen Dingen ist es wichtig, wichtige Dokumente wie Personalausweis, Führerschein, Versicherungsdokumente und eventuell Kartenmaterial mit sich zu führen. Diese Dokumente sollten in wasserfesten Behältern aufbewahrt werden, um sie vor den Elementen zu schützen.

Das Notgepäck ist somit ein Mikrokosmos der Überlebensfähigkeit – jedes Element darin hat seinen speziellen Zweck und trägt dazu bei, dass Sie in den ersten entscheidenden Stunden nach einer Notsituation autonom agieren können. Es ist wie ein Lebensretter, der still und unauffällig darauf wartet, im richtigen Moment zum Einsatz zu kommen. Mit einem gut ausgestatteten Notgepäck können Sie sich sicher sein, dass Sie für die Unwägbarkeiten des Lebens gerüstet sind.

o   Familien- und Haustier-
    Evakuierungspläne

Wenn es um die Sicherheit und das Wohlergehen der
Familie und der Haustiere geht, ist die Planung einer
Evakuierung ein entscheidender Aspekt des häuslichen
Lebens. Diese Vorbereitung erfordert ein tiefes
Verständnis der Bedürfnisse jedes Familienmitglieds
sowie der tierischen Begleiter, die oft als vollwertige
Mitglieder der Familie angesehen werden.

Der Evakuierungsplan für die Familie und Haustiere
beginnt mit einer klaren Vorstellung davon, was im Falle
einer plötzlichen Notwendigkeit zu tun ist. Zuerst gilt es,
einen sicheren Treffpunkt außerhalb des Hauses
festzulegen, an dem sich alle treffen können, falls das
Haus schnell verlassen werden muss. Dieser Ort sollte
allen Familienmitgliedern bekannt und leicht erreichbar
sein.

Für die Haustiere ist es wichtig, immer bereit zu sein.
Dazu gehört das Bereithalten von Transportboxen oder -
taschen an einem zugänglichen Ort, damit die Tiere
schnell und sicher evakuiert werden können. Jedes
Haustier sollte seine eigene Box oder Tasche haben, die
groß genug ist, um ihm Komfort und Sicherheit zu
bieten.

Neben der eigentlichen Evakuierung spielt die
Vorbereitung eine wichtige Rolle. Dazu gehört das
Packen eines Notfallgepäcks, das sowohl für die

menschlichen als auch für die tierischen
Familienmitglieder Grundbedürfnisse wie Nahrung,
Wasser, Medikamente und wichtige Dokumente enthält.
Für Haustiere bedeutet dies auch, ausreichend Futter,
Wasser, Leinen, Spielzeug und eventuell benötigte
Medikamente einzupacken.

Eine gute Kommunikation ist entscheidend, insbesondere
in Familien mit Kindern. Es ist wichtig, dass Kinder
verstehen, warum ein Evakuierungsplan notwendig ist
und was von ihnen erwartet wird. Sie sollten wissen, wie
sie im Notfall reagieren und wo sie sich im Falle einer
Trennung wiederfinden können.

Regelmäßige Übungen und Besprechungen des
Evakuierungsplans stellen sicher, dass im Notfall jeder
weiß, was zu tun ist. Diese Übungen können dazu
beitragen, Ängste zu verringern und die Familie darauf
vorzubereiten, im Ernstfall ruhig und effizient zu
handeln.

Abschließend ist es wichtig, den Evakuierungsplan
regelmäßig zu überprüfen und zu aktualisieren, um
sicherzustellen, dass er immer den aktuellen
Bedingungen und Bedürfnissen der Familie entspricht.
So wird der Plan zu einem dynamischen Instrument, das
die Sicherheit und das Wohlergehen der gesamten
Familie, einschließlich der Haustiere, in jeder Notlage
gewährleistet.

Teil III: Praktische Anleitungen und Techniken

Überlebenskits für verschiedene Szenarien

- o Fluchtrucksack: Inhalt und Packliste

Der Fluchtrucksack das ultimative Symbol für Bereitschaft und Weitsicht. Es ist wie das Zusammenstellen eines Reisekoffers für ein unvorhergesehenes Abenteuer, bei dem das Ziel unbekannt und der Weg voller Überraschungen ist. Der Inhalt dieses Rucksacks spiegelt die Grundbedürfnisse des menschlichen Lebens wider und ist zugleich ein Zeugnis der Anpassungsfähigkeit und des Überlebenswillens.

Beim Packen des Fluchtrucksacks beginnt man mit den grundlegendsten Bedürfnissen – Wasser und Nahrung. Wasser ist das Lebenselixier in jeder Notlage. Trinkflaschen und Wasseraufbereitungsmittel sind daher unverzichtbar. Die Nahrung sollte energiereich und haltbar sein, wie Energieriegel oder Trockenfrüchte, die Kraft geben, ohne viel Platz wegzunehmen.

Als nächstes kommt die Kleidung. Hier ist Funktionalität entscheidend. Der Rucksack sollte wetterfeste Kleidung enthalten, die sowohl vor Regen schützt als auch bei kühleren Temperaturen wärmt. Eine Regenjacke, ein warmer Pullover und strapazierfähige Hosen sind essenziell. Ebenso wichtig sind bequeme Wanderschuhe, die auf langen Strecken einen guten Halt bieten.

Ein weiterer wichtiger Bestandteil ist die Erste-Hilfe-Ausrüstung. Sie umfasst grundlegende Artikel wie Pflaster, Verbandmaterial, Schmerzmittel und Desinfektionsmittel. Diese Ausrüstung kann in kritischen Momenten von unschätzbarem Wert sein und ist wie ein kleines mobiles Krankenhaus, das Sie bei sich tragen.

Kommunikationsmittel dürfen in einem Fluchtrucksack nicht fehlen. Ein geladenes Handy und vielleicht ein zusätzliches Ladegerät oder eine Powerbank stellen sicher, dass Sie in Kontakt bleiben können. In einigen Fällen kann auch ein kleines Radio oder ein Satellitentelefon hilfreich sein, um wichtige Informationen über die Situation zu erhalten und mit der Außenwelt in Verbindung zu bleiben.

Neben diesen grundlegenden Artikeln sind auch Werkzeuge und Hilfsmittel wichtig. Ein Mehrzweckwerkzeug oder ein Schweizer Taschenmesser, eine Taschenlampe mit zusätzlichen Batterien oder eine Stirnlampe sowie ein Feuerzeug oder Streichhölzer sind nützliche Helfer in vielen Situationen. Sie sind wie die vertrauten Begleiter eines Abenteurers, die in schwierigen Momenten zur Hand sind.

Für die persönliche Hygiene sollten Artikel wie Zahnbürste, Zahnpasta, Seife und ein kleines Handtuch nicht fehlen. Auch wenn es sich um eine Notsituation handelt, ist es wichtig, die Grundlagen der Selbstfürsorge zu bewahren. Diese kleinen Gegenstände helfen, ein Gefühl von Normalität und Wohlbefinden aufrechtzuerhalten.

Zu guter Letzt sind wichtige Dokumente wie Personalausweis, Reisepass, wichtige medizinische Informationen und eventuell Kartenmaterial entscheidend. Diese Dokumente sollten in wasserdichten Behältern aufbewahrt werden, um sie vor den Elementen zu schützen.

Der Fluchtrucksack ist somit eine Art Lebenslinie, ein Bündel von lebensnotwendigen Ressourcen und Werkzeugen, das auf das Unvorhersehbare vorbereitet. Das Packen und regelmäßige Überprüfen des Inhalts ist nicht nur eine praktische Maßnahme, sondern auch eine mentale Vorbereitung auf eventuelle Notfälle. Mit einem gut ausgestatteten Fluchtrucksack kann man der Ungewissheit mit einem Gefühl der Sicherheit und der Zuversicht begegnen. Es ist ein Zeichen dafür, dass man für das Unerwartete gerüstet ist und den Herausforderungen des Lebens mit Entschlossenheit und Vorbereitung entgegentritt.

Die regelmäßige Überprüfung und Anpassung des Bug-Out-Bags ist ebenso wichtig. Mit der Zeit ändern sich Umstände und mögliche Bedrohungsszenarien. Das, was heute relevant ist, könnte morgen schon überholt sein. Daher ist es entscheidend, den Inhalt des Rucksacks kontinuierlich zu evaluieren und bei Bedarf anzupassen.

Insgesamt ist der Bug-Out-Bag ein zentrales Element in der Notfallvorbereitung jeder Person oder Familie. Er bietet nicht nur eine praktische Lösung für die Bewältigung von Krisensituationen, sondern vermittelt auch ein Gefühl der Sicherheit und Kontrolle in einer ansonsten unvorhersehbaren Welt.

Der Get-Home-Bag und das Car Survival Kit sind zwei
wesentliche Akteure, die ihre eigenen einzigartigen
Rollen in der Notfallvorsorge spielen. Diese beiden
spezialisierten Ausrüstungsgegenstände sind wie treue
Gefährten auf einer Reise, die uns sicher nach Hause
oder durch unvorhergesehene Umstände bringen.

Der Get-Home-Bag ist ein speziell zusammengestellter
Rucksack, der darauf ausgerichtet ist, Ihnen im Falle
eines unerwarteten Ereignisses zu helfen, sicher nach
Hause zu gelangen. Stellen Sie sich vor, Sie sind in der
Stadt, im Büro oder unterwegs, und plötzlich wird der
normale Weg nach Hause durch eine Notlage blockiert
oder ist nicht mehr sicher. Hier kommt der Get-Home-
Bag ins Spiel, der so konzipiert ist, dass er alles enthält,
was Sie brauchen, um den Weg nach Hause anzutreten
und zu bewältigen.

Ein typischer Get-Home-Bag könnte Artikel enthalten,
die Ihnen helfen, längere Strecken zu Fuß zurückzulegen.
Bequeme Wanderschuhe, eine wetterfeste Jacke und eine
Trinkflasche sind unerlässlich. Ebenso nützlich sind eine
Karte der Umgebung, eine Taschenlampe und vielleicht
ein kleines Erste-Hilfe-Set. Der Schwerpunkt liegt auf
Mobilität und Effizienz, damit Sie schnell und sicher
nach Hause kommen.

Auf der anderen Seite ist das Car Survival Kit eine spezielle Ausrüstung, die in Ihrem Fahrzeug aufbewahrt wird. Es ist wie ein treuer Begleiter, der darauf wartet, im Falle eines Autounfalls oder wenn Sie mit Ihrem Fahrzeug irgendwo feststecken, zum Einsatz zu kommen. Ein Car Survival Kit umfasst Dinge, die Ihnen helfen, in Ihrem Fahrzeug sicher und komfortabel zu bleiben, bis Hilfe eintrifft oder Sie Ihre Fahrt fortsetzen können.

In einem Car Survival Kit könnten Sie grundlegende Reparaturwerkzeuge für Ihr Auto, Starthilfekabel, eine Taschenlampe und zusätzliche Batterien finden. Hinzu kommen Wasserflaschen, nicht verderbliche Snacks und warme Decken, falls Sie über Nacht im Auto bleiben müssen. Ein Feuerlöscher und ein Nothammer zum Zerschlagen der Fenster können in kritischen Situationen ebenfalls lebensrettend sein.

Beide Kits, der Get-Home-Bag und das Car Survival Kit, zeichnen sich durch ihre spezifische Ausrichtung und ihren Inhalt aus. Während der Get-Home-Bag darauf abzielt, Sie sicher nach Hause zu bringen, konzentriert sich das Car Survival Kit darauf, Sie in Ihrem Fahrzeug sicher und versorgt zu halten.

Das regelmäßige Überprüfen und Aktualisieren dieser Kits ist entscheidend, um ihre Effektivität zu gewährleisten. Überprüfen Sie die Haltbarkeit von Lebensmitteln und Wasser, die Funktionsfähigkeit der Werkzeuge und die Passgenauigkeit der Kleidung. Diese Kits sind nicht nur praktische Hilfsmittel, sondern vermitteln auch ein beruhigendes Gefühl der Vorbereitung und Sicherheit.

Zusammenfassend sind der Get-Home-Bag und das Car Survival Kit mehr als nur Sammlungen von Gegenständen; sie sind sorgfältig durchdachte Ausrüstungen, die auf spezifische Szenarien und Bedürfnisse zugeschnitten sind. Sie bieten nicht nur praktische Lösungen in Notsituationen, sondern auch ein starkes Gefühl der Sicherheit und des Selbstvertrauens, das aus der Gewissheit kommt, auf unvorhersehbare Ereignisse vorbereitet zu sein.

Überlebenstechniken und –strategien

o Grundlegende Überlebenstechniken:
Wasser, Nahrung, Unterkunft

Wo das Unvorhersehbare zur Tagesordnung gehört, sind grundlegende Überlebenstechniken das A und O. Sie sind wie das Erlernen einer alten Sprache, die uns mit der Natur und ihren Geheimnissen verbindet. Die drei Grundpfeiler des Überlebens – Wasser, Nahrung und Unterkunft – sind das Fundament, auf dem alle Überlebensstrategien aufbauen.

Das Wasser, die Quelle des Lebens, ist das erste und wichtigste Element in der Kunst des Überlebens. In einer Situation, in der der Zugang zu sauberem Wasser begrenzt ist, wird das Finden, Sammeln und Reinigen von Wasser zur obersten Priorität. Wie ein Wüstenwanderer, der die Oase sucht, muss man lernen, Wasser in der Umgebung zu finden – sei es durch das Sammeln von Regenwasser, das Auffinden von Flüssen oder Bächen oder sogar das Extrahieren von Wasser aus Pflanzen. Die Fähigkeit, Wasser zu reinigen – sei es durch Kochen, chemische Behandlung oder Filtration – ist ebenso entscheidend, um das Risiko von Krankheiten zu vermeiden.

Nahrung ist das zweite Standbein des Überlebens. In der Wildnis zu sein bedeutet, ein tieferes Verständnis für essbare Pflanzen und Tiere zu entwickeln. Wie ein alter

Naturforscher lernt man, essbare von giftigen Pflanzen zu unterscheiden und grundlegende Jagd- und Fischereitechniken anzuwenden. Das Wissen über Konservierungsmethoden, wie das Trocknen von Fleisch oder das Kochen über offenem Feuer, wird essentiell, um die Nahrungsressourcen optimal zu nutzen.

Die Unterkunft, der dritte Pfeiler, bietet Schutz vor den Elementen und potenziellen Gefahren. In der Kunst des Überlebens ist das Bauen einer Unterkunft wie das Erschaffen eines eigenen kleinen Königreichs inmitten der Wildnis. Es geht darum, Materialien wie Äste, Blätter oder Schnee zu nutzen, um einen Schutz zu bauen, der vor Wind, Regen, Kälte und wilden Tieren schützt. Die Fähigkeit, eine Unterkunft zu bauen, die sowohl robust als auch unauffällig ist, kann in einer Überlebenssituation den Unterschied zwischen Komfort und Not ausmachen.

Das Erlernen dieser grundlegenden Überlebenstechniken ist wie das Einüben eines alten Tanzes zwischen Mensch und Natur. Jeder Schritt, jede Bewegung muss sorgfältig und bedacht ausgeführt werden. Wasser, Nahrung und Unterkunft sind nicht nur physische Bedürfnisse; sie sind eine Verbindung zur Erde und ihren Rhythmen.

In der Praxis des Überlebens wird auch die Kreativität gefördert. Man lernt, die Umgebung auf neue Weise zu sehen und Ressourcen auf innovative Weise zu nutzen. Ein umgestürzter Baum, ein Fluss oder eine Felsformation sind nicht mehr nur Landschaftsmerkmale, sondern werden zu lebenswichtigen Bestandteilen Ihres Überlebens.

Die Verbindung zwischen diesen grundlegenden Überlebenstechniken und der mentalen Stärke kann nicht unterschätzt werden. Die Fähigkeit, ruhig und fokussiert zu bleiben, wenn man mit der Herausforderung des Überlebens konfrontiert ist, ist genauso wichtig wie das praktische Wissen. Es geht nicht nur darum, zu überleben, sondern auch darum, inmitten von Widrigkeiten die Hoffnung und den Willen zum Weitermachen zu bewahren.

Letztendlich sind grundlegende Überlebenstechniken mehr als nur Fähigkeiten; sie sind eine Lebensweise, ein tiefes Verständnis für die Welt um uns herum und unsere Rolle in ihr. Sie lehren uns, achtsam, respektvoll und einfallsreich zu sein, und erinnern uns daran, dass wir trotz aller modernen Annehmlichkeiten immer noch Teil der natürlichen Welt sind. In der Kunst des Überlebens finden wir nicht nur das Wissen, wie man in der Wildnis besteht, sondern auch Einsichten in uns selbst und unsere unerschütterliche Fähigkeit, sich an die Herausforderungen des Lebens anzupassen.

In der fesselnden Odyssee des Überlebens, wo jedes
Kapitel neue Herausforderungen und Geheimnisse
enthüllt, sind fortgeschrittene Techniken wie Navigation,
Erste Hilfe und Selbstverteidigung essentielle
Fertigkeiten, die über das bloße Bestehen hinausgehen.
Sie sind wie die feineren Pinselstriche in einem großen
Gemälde, die das Bild vervollständigen und ihm Tiefe
verleihen.

Navigation ist die Kunst, sich in der ungezähmten
Wildnis zurechtzufinden. Es ist wie das Lesen eines
uralten Manuskripts, das die Geheimnisse der Erde
enthält. Die Fähigkeit, Karten zu lesen und einen
Kompass zu nutzen, ist unerlässlich. Doch wahre
Meisterschaft in der Navigation offenbart sich in der
Kenntnis, wie man die Natur selbst als Wegweiser nutzt.
Das Beobachten der Sterne, das Verständnis der
Windrichtungen und das Erkennen von Landmarken sind
Fähigkeiten, die es einem ermöglichen, auch ohne
moderne Technologie seinen Weg zu finden. Es ist wie
das Entziffern einer alten Sprache, die von den
Elementen selbst geschrieben wurde.

Erste Hilfe ist mehr als nur die Behandlung von
Schnittwunden oder Schürfwunden; es ist eine tiefe
Kenntnis des menschlichen Körpers und seiner Reaktion
auf Notlagen. Die Fähigkeit, in Notsituationen
medizinische Versorgung zu leisten, kann lebensrettend

sein. Es ist wie das Erlernen einer alchemistischen Formel, die es einem ermöglicht, Schmerzen zu lindern und Heilung zu fördern. Ob es um die Behandlung von Knochenbrüchen, das Stillen von starken Blutungen oder die Identifizierung und Behandlung von Krankheiten geht – die fortgeschrittene Erste Hilfe ist eine unverzichtbare Fähigkeit in der wilden Natur.

Selbstverteidigung, das dritte Element dieser fortgeschrittenen Techniken, ist die Kunst, sich und seine Liebsten in Gefahrensituationen zu schützen. Es geht nicht nur um körperliche Stärke oder die Beherrschung von Waffen, sondern auch um die Fähigkeit, Gefahrensituationen zu erkennen und zu vermeiden. Selbstverteidigung ist wie das Erlernen einer alten Kampfkunst, die sowohl den Körper als auch den Geist stärkt. Sie vermittelt ein tiefes Verständnis für die eigenen Fähigkeiten und Grenzen und lehrt, wie man mit Bedrohungen umgeht, ohne sich selbst oder andere unnötig in Gefahr zu bringen.

Diese fortgeschrittenen Techniken sind nicht nur Überlebensfertigkeiten; sie sind auch Ausdruck einer tiefen Verbundenheit mit der Welt und einem Verständnis für die vielen Aspekte des Lebens. Navigation, Erste Hilfe und Selbstverteidigung sind Fähigkeiten, die uns helfen, nicht nur in der Wildnis, sondern auch im alltäglichen Leben zu bestehen und zu gedeihen. Sie lehren uns, aufmerksam, achtsam und vorbereitet zu sein, egal was das Schicksal für uns bereithält.

In der Praxis dieser Fertigkeiten liegt eine tiefe
Befriedigung. Es ist, als würde man die Geheimnisse der
Natur und des menschlichen Daseins entschlüsseln. Die
Fähigkeit, sich in der Wildnis zurechtzufinden,
medizinische Hilfe zu leisten, wenn sie am dringendsten
benötigt wird, und sich effektiv zu verteidigen, erzeugt
ein Gefühl der Kompetenz und Selbstsicherheit.

Das Erlernen und Verfeinern dieser fortgeschrittenen
Techniken ist ein lebenslanger Prozess, der ständiges
Üben und Lernen erfordert. Jede neue Erfahrung, jedes
neue erlernte Wissen fügt dem Bild des Überlebens neue
Nuancen hinzu und macht uns zu kompetenteren,
selbstbewussteren und widerstandsfähigeren Menschen.

So sind fortgeschrittene Überlebenstechniken wie
Navigation, Erste Hilfe und Selbstverteidigung mehr als
nur Mittel zum Zweck; sie sind wesentliche Bestandteile
eines reichen und erfüllten Lebens. Sie stärken nicht nur
unsere Fähigkeit zu überleben, sondern auch unser
Selbstverständnis und unsere Verbindung zur Welt um
uns herum.

o   Psychologische Aspekte des Überlebens

Wo physische Fähigkeiten und Ausrüstung oft im Rampenlicht stehen, sind es die psychologischen Aspekte, die oft unerkannt bleiben, doch eine ebenso entscheidende Rolle spielen. Die mentale Landschaft des Überlebens ist wie ein tiefes, unerforschtes Meer, voller Geheimnisse und verborgener Strömungen, die das Schicksal eines jeden Überlebensabenteuers maßgeblich beeinflussen können.

Die Kunst des Überlebens beginnt im Kopf. Es ist eine Reise, die nicht nur körperliche Ausdauer, sondern auch geistige Stärke erfordert. Die Fähigkeit, in Stresssituationen einen kühlen Kopf zu bewahren, ist wie das Finden eines Ankers in stürmischen Gewässern. Panik und Angst sind natürliche Reaktionen auf bedrohliche Situationen, doch die Kunst besteht darin, diese Emotionen zu erkennen, zu verstehen und sie letztendlich zu kontrollieren.

Ein wichtiger Teil dieser mentalen Reise ist die Anpassungsfähigkeit. In der Wildnis, wo sich die Bedingungen schnell ändern können, ist die Fähigkeit, Pläne zu ändern und kreativ zu denken, von unschätzbarer Bedeutung. Es ist wie das Spielen eines komplexen Schachspiels gegen die Natur, bei dem Flexibilität und Erfindungsreichtum die Schlüssel zum Erfolg sind.

Selbstvertrauen ist ein weiterer zentraler Aspekt des psychologischen Überlebens. Das Vertrauen in die eigenen Fähigkeiten, in das eigene Wissen und Urteilsvermögen, ist entscheidend, um schwierige Situationen zu meistern. Es ist wie das Schmieden eines inneren Schwerts, das in Momenten der Unsicherheit und des Zweifels gezogen werden kann.

Doch es geht nicht nur um das Selbst. In Gruppensituationen ist die Fähigkeit zur Zusammenarbeit und Kommunikation von entscheidender Bedeutung. Es ist wie das Dirigieren eines Orchesters, in dem jeder Musiker eine wichtige Rolle spielt. Das Verständnis und die Unterstützung für die Emotionen und Bedürfnisse anderer Menschen können den Unterschied zwischen Erfolg und Scheitern in einer Überlebenssituation ausmachen.

Zu guter Letzt ist da die Hoffnung – der vielleicht mächtigste psychologische Aspekt des Überlebens. In Zeiten, in denen die Situation aussichtslos erscheinen mag, ist es die Hoffnung, die wie ein Leuchtturm in der Dunkelheit, den Weg weist. Sie ist die Kraft, die uns antreibt, weiterzumachen, selbst wenn alles verloren scheint.

Die psychologischen Aspekte des Überlebens sind somit tief verwurzelt in der menschlichen Natur. Sie verweben sich mit unseren physischen Fähigkeiten und formen eine komplexe Matrix von Fertigkeiten, die für das Überleben notwendig sind. Sie lehren uns nicht nur, wie man in der Wildnis überlebt, sondern auch, wie man in den vielfältigen Herausforderungen des Lebens besteht. In

dieser mentalen Kunst des Überlebens finden wir die
wahre Stärke, die in jedem von uns steckt, und lernen, sie
in Zeiten der Not zu nutzen.

Teil IV: Kommunikation und Information

Kommunikation in Krisenzeiten

o   Wichtigkeit der Informationsbeschaffung
    und -verteilung

Die Informationsbeschaffung und -verteilung ist ein
Kapitel im Überlebenstraining, das oft unterschätzt wird,
jedoch von unschätzbarem Wert ist. Es ist wie das
Sammeln der Puzzlestücke einer verborgenen Landkarte,
die den Weg durch das Labyrinth der Unsicherheit und
Gefahr weist.

Die Wichtigkeit der Informationsbeschaffung und -
verteilung kann nicht genug betont werden. In einer Krise
sind Informationen so wertvoll wie Wasser in der Wüste.
Sie geben Aufschluss über die Natur der Krise, die besten
Reaktionsstrategien und die Ressourcen, die zur
Verfügung stehen. Die Fähigkeit, relevante und genaue
Informationen zu sammeln, ist wie das Entschlüsseln
eines Geheimcodes, der den Schlüssel zur Lösung eines
Rätsels enthält.

Doch die Sammlung von Informationen ist nur die halbe
Miete. Die andere Hälfte ist ihre effektive Verteilung. In
einer Gruppe oder Familie ist die Art und Weise, wie
Informationen weitergegeben werden, entscheidend für
die Sicherheit und Effizienz. Es ist wie das Senden von
Signalen über weite Distanzen, bei denen jedes Signal
von entscheidender Bedeutung sein kann. Eine klare,
präzise und zeitnahe Kommunikation kann den

Unterschied zwischen Chaos und geordnetem Handeln ausmachen.

In der heutigen vernetzten Welt kann die Informationsbeschaffung von einer Vielzahl von Quellen erfolgen – von Nachrichtendiensten über soziale Medien bis hin zu lokalen Behörden. Die Herausforderung besteht darin, die Zuverlässigkeit und Relevanz der Informationen zu bewerten. Es ist wie das Sichten von Gold in einem Fluss voller Geröll – man muss sorgfältig vorgehen, um die wertvollen Nuggets zu finden.

Die Verteilung der Informationen ist ebenso eine Kunst. In einer Krisensituation kann eine Überflutung mit Informationen genauso gefährlich sein wie ein Mangel an Informationen. Es gilt, einen Weg zu finden, wichtige Nachrichten effektiv und klar zu kommunizieren, ohne Panik zu verbreiten. Dies erfordert ein tiefes Verständnis für die Menschen, mit denen man kommuniziert, und für die Art und Weise, wie sie Informationen am besten aufnehmen und verarbeiten.

Außerdem spielt die Anpassungsfähigkeit eine wichtige Rolle. Informationen können sich schnell ändern, und was heute noch relevant ist, kann morgen schon überholt sein. Die Fähigkeit, sich schnell an neue Informationen anzupassen und Pläne entsprechend anzupassen, ist entscheidend.

Die Informationsbeschaffung und -verteilung ist somit eine zentrale Säule in der Vorbereitung und im Management von Krisensituationen. Sie ist wie das Navigieren eines Schiffes auf stürmischer See – ohne

einen klaren Blick auf den Horizont und eine effektive
Kommunikation mit der Crew ist das Risiko, vom Kurs
ab zukommen, immens hoch. Gute Information
ermöglicht es, potenzielle Gefahren frühzeitig zu
erkennen und proaktiv zu handeln, anstatt reaktiv auf
Ereignisse zu reagieren.

Diese Praktiken sind nicht nur in extremen
Überlebenssituationen relevant, sondern auch im Alltag.
Die Fähigkeit, Informationen zu sammeln, zu analysieren
und effektiv zu teilen, ist eine Fertigkeit, die in vielen
Lebensbereichen von Nutzen ist. Sie fördert nicht nur die
persönliche und berufliche Entwicklung, sondern stärkt
auch die Fähigkeit, informierte Entscheidungen in einer
sich ständig verändernden Welt zu treffen.

Insgesamt ist die Bedeutung der Informationsbeschaffung
und -verteilung ein leuchtendes Beispiel dafür, wie
wichtig es ist, im digitalen Zeitalter informiert und
vernetzt zu bleiben. Diese Fähigkeiten sind unerlässlich,
um die Herausforderungen des 21. Jahrhunderts zu
meistern und in einer Welt, die zunehmend von
Informationen angetrieben wird, erfolgreich zu sein.

o   Einsatz moderner und traditioneller
    Kommunikationsmittel

Die Technologie entwickelt sich rasant weiter und gleichzeitig behaupten alte Traditionen weiterhin ihren Platz. Der Einsatz moderner und traditioneller Kommunikationsmittel ist eine faszinierende Reise durch die Zeit. Es ist, als würde man auf einer Brücke zwischen zwei Welten stehen – der alten und der neuen, der analogen und der digitalen – und von beiden das Beste nutzen.

Moderne Kommunikationsmittel, von Smartphones über das Internet bis hin zu Satellitenkommunikation, haben die Art und Weise, wie wir Informationen austauschen, revolutioniert. Sie sind wie Zauberwerkzeuge in unseren Händen, die es uns ermöglichen, in Sekundenschnelle mit jemandem am anderen Ende der Welt zu sprechen oder Informationen über Ereignisse zu erhalten, die sich in Echtzeit entfalten. Diese Werkzeuge haben die Welt kleiner gemacht und die Kommunikation schneller und effizienter als je zuvor.

Doch trotz der beeindruckenden Fähigkeiten der modernen Technologie gibt es Situationen, in denen traditionelle Kommunikationsmittel ihren Platz behaupten. Walkie-Talkies, Kurzwellenradios und sogar die altbewährten Signalpfeifen haben in bestimmten Szenarien, insbesondere in Krisensituationen, wo moderne Technologie versagen kann, immer noch ihre Berechtigung. Ebenso wichtig ist es, einfache, aber effektive Methoden wie das Verwenden von Pfeifen,

Spiegeln oder Rauchsignalen zu beherrschen. Sie sind wie die verlässlichen alten Freunde, auf die man sich verlassen kann, wenn alle anderen im Stich lassen.

Die Kunst liegt darin, die richtige Balance zwischen modernen und traditionellen Mitteln zu finden. In einer Krisensituation könnte beispielsweise das Mobilfunknetz ausfallen, was die Verwendung von Smartphones unmöglich macht. Hier können traditionelle Methoden wie das Kurzwellenradio lebenswichtig sein, um Informationen zu erhalten und Kontakt mit der Außenwelt zu halten.

Gleichzeitig können moderne Technologien in Situationen, in denen traditionelle Methoden unpraktisch wären, einen enormen Vorteil bieten. Die Möglichkeit, GPS zur Navigation zu verwenden oder über soziale Medien rasch eine große Anzahl von Menschen zu erreichen, ist in vielen Kontexten unübertroffen.

Die Kombination aus modernen und traditionellen Kommunikationsmitteln ist somit wie das Beste aus beiden Welten. Sie ermöglicht eine vielseitige und robuste Kommunikationsstrategie, die in verschiedenen Szenarien anwendbar ist. Es ist, als würde man ein Orchester dirigieren, in dem sowohl klassische als auch moderne Instrumente zusammen ein harmonisches und kraftvolles Konzert erschaffen.

Diese Dualität erfordert ein tiefes Verständnis für die Stärken und Schwächen jedes Kommunikationsmittels. Wie ein erfahrener Kapitän, der sein Schiff durch unbekannte Gewässer steuert, muss man wissen, wann man auf Satellitentelefone, wann auf Kurzwellenfunk und wann auf einfache visuelle Signale setzen sollte. Jedes Werkzeug hat seinen eigenen optimalen Anwendungsbereich und seine eigenen Grenzen.

Die Ausbildung und Übung im Umgang mit diesen vielfältigen Kommunikationsmitteln ist ein entscheidender Teil der Vorbereitung, sei es für alltägliche Situationen oder für Notfälle. Das Erlernen, wie man ein Satellitentelefon bedient, wie man eine Nachricht über Kurzwellenfunk übermittelt oder wie man im Notfall ein optisches Signal gibt, sind Fertigkeiten, die im richtigen Moment von unschätzbarem Wert sein können.

In einer Welt, die sich ständig verändert und in der die Technologie unaufhörlich fortschreitet, bleibt die Fähigkeit, sowohl moderne als auch traditionelle Kommunikationsmittel zu nutzen, eine wichtige Kompetenz. Sie versichert uns, dass wir in der Lage sind, mit unterschiedlichen Herausforderungen umzugehen und sicherzustellen, dass wir immer einen Weg finden, unsere Botschaft zu übermitteln.

Abschließend ist die Kombination aus modernen und traditionellen Kommunikationsmitteln ein lebendiges Beispiel dafür, wie wir das Beste aus Vergangenheit und Gegenwart nutzen können, um eine sichere und verbundene Zukunft zu gestalten. Sie lehrt uns, flexibel zu bleiben, uns anzupassen und bereit zu sein, auf jede Situation mit dem geeignetsten Werkzeug zu reagieren.

Teil V: Abschluss und Ausblick

Zusammenfassung und Schlussbetrachtung

- o Zusammenfassung der Schlüsselkonzepte und -strategien

In der Vorbereitung und des Überlebens, wo jedes Detail zählt und jede Fertigkeit ihren Wert hat, sind die Schlüsselkonzepte und -strategien wie die Kapitel eines epischen Romans, der uns durch das Abenteuer des Lebens führt. Diese Konzepte und Strategien bilden das Fundament, auf dem wir unsere Fähigkeit aufbauen, uns an verschiedene Szenarien anzupassen und sie erfolgreich zu meistern.

Zu Beginn unseres Abenteuers steht das Verständnis der Grundbedürfnisse: Wasser, Nahrung und Unterkunft. Diese sind die Eckpfeiler des Überlebens, die Basis, auf der alles andere aufbaut. Die Fähigkeit, Wasser zu finden und zu reinigen, Nahrung zu beschaffen und zu konservieren, und einen schützenden Unterschlupf zu bauen, ist wie das Erlernen der Grundregeln in einem Spiel, das wir Leben nennen.

Dann kommen die fortgeschrittenen Techniken ins Spiel: Navigation, Erste Hilfe und Selbstverteidigung. Sie sind die fortgeschrittenen Kapitel in unserem Buch, die uns tiefer in die Kunst des Überlebens einführen. Navigation lehrt uns, unseren Weg zu finden, sowohl buchstäblich als auch im übertragenen Sinne. Erste Hilfe ist die Kunst, Leben zu retten und Leid zu lindern, während

Selbstverteidigung uns lehrt, uns und unsere Liebsten zu schützen.

Die Informationsbeschaffung und -verteilung sind wie das Lesen und Schreiben der Seiten unseres Lebensbuches. In einer Welt, die von Informationen angetrieben wird, ist die Fähigkeit, relevante Informationen zu sammeln, zu analysieren und effektiv zu teilen, entscheidend. Sie ist der Schlüssel, der uns hilft, die Handlung unseres Romans zu verstehen und angemessen darauf zu reagieren.

Nicht zu vergessen sind die modernen und traditionellen Kommunikationsmittel, die uns helfen, in Verbindung zu bleiben. Sie sind wie die verschiedenen Sprachen, die wir sprechen, um uns mit anderen zu verständigen und unsere Gedanken und Gefühle auszudrücken. In einer Krisensituation können sie den Unterschied zwischen Isolation und Zusammenhalt ausmachen.

Schließlich ist die psychologische Komponente des Überlebens – die Fähigkeit, mental stark und fokussiert zu bleiben – wie das Herzstück unseres Romans. Sie gibt uns die Kraft, durchzuhalten, wenn die Zeiten hart sind, und die Hoffnung, weiterzumachen, auch wenn die Zukunft unsicher erscheint.

In der Zusammenfassung dieser Schlüsselkonzepte und -strategien finden wir ein umfassendes Handbuch für das Leben. Es lehrt uns nicht nur, wie wir in Krisenzeiten überleben können, sondern auch, wie wir im Alltag gedeihen und unser volles Potenzial entfalten können. Jedes Konzept, jede

Strategie fügt eine weitere Ebene der Tiefe und des Verständnisses hinzu, wie wir uns selbst und die Welt um uns herum wahrnehmen.

Diese Konzepte und Strategien sind mehr als nur Überlebenstechniken; sie sind Lektionen in Anpassungsfähigkeit, Problemlösung und Selbstbewusstsein. Sie lehren uns, auf unsere Umgebung zu reagieren, uns an verändernde Umstände anzupassen und proaktiv zu handeln, anstatt nur zu reagieren. Sie vermitteln uns die Bedeutung von Vorbereitung und Planung und zeigen uns, dass durch sorgfältige Vorbereitung und das richtige Wissen viele der Herausforderungen des Lebens gemeistert werden können.

Zusammen bilden diese Schlüsselkonzepte und -strategien ein umfassendes Wissens- und Fähigkeitenset, das uns in jedem Aspekt unseres Lebens unterstützen kann. Von der Bewältigung eines unerwarteten Stromausfalls bis hin zur Planung einer längeren Wandertour, von der effektiven Kommunikation in einer Beziehung bis hin zur Führung eines Teams – die Anwendungen sind vielfältig und weitreichend.

In der Summe ermöglicht uns dieses Verständnis, uns sicherer und kompetenter zu fühlen, egal was das Leben für uns bereithält. Es ist wie das Schreiben unseres eigenen Abenteuerromans, in dem wir die Hauptcharaktere sind, ausgestattet mit dem Wissen und den Fähigkeiten, um jedes Kapitel erfolgreich zu gestalten. So werden die Schlüsselkonzepte und -strategien zu einem unverzichtbaren Teil unserer

Lebensreise, bereichernd und ermächtigend auf jedem
Schritt des Weges.

o   Reflexion und Ausblick in die Zukunft des
    Krisenschutzes

In der sich ständig wandelnden Landschaft des
Krisenschutzes, wo jede neue Erfahrung und jedes
Ereignis wie ein Puzzlestück zu einem größeren Bild
beiträgt, ist eine Reflexion über die Vergangenheit und
ein Ausblick in die Zukunft unerlässlich. Dieses Kapitel
gleicht einer Reise durch die Zeit, bei der wir innehalten,
um zu verstehen, woher wir kommen und wohin wir
gehen.

Der Blick zurück in die Vergangenheit des
Krisenschutzes ist wie das Öffnen eines alten, staubigen
Buches, das Geschichten von Herausforderungen,
Triumphen und Lektionen erzählt. Jedes vergangene
Ereignis, sei es eine Naturkatastrophe, ein technisches
Versagen oder eine Pandemie, hat wertvolle Erkenntnisse
geliefert. Diese historischen Momente haben uns gelehrt,
wie wichtig Vorbereitung, Anpassungsfähigkeit und
Resilienz sind. Sie haben gezeigt, dass Krisenschutz nicht
nur eine Frage der richtigen Ausrüstung ist, sondern auch
des Wissens, der Planung und der psychologischen
Bereitschaft.

Jetzt, da wir uns der Zukunft zuwenden, ist es, als
würden wir durch ein Teleskop in einen unbekannten
Kosmos blicken. Die Zukunft des Krisenschutzes wird
zweifellos von technologischen Fortschritten geprägt
sein. Von immer ausgefeilteren Frühwarnsystemen über
robustere Kommunikationstechnologien bis hin zu

innovativen Methoden zur Nahrungsmittel- und
Wasserversorgung – die Technologie wird weiterhin eine
Schlüsselrolle spielen.

Doch die Zukunft des Krisenschutzes wird auch von
einem tieferen Verständnis für die menschliche Natur
und die Bedeutung von Gemeinschaften geprägt sein.
Krisen haben gezeigt, wie wichtig soziale Bindungen und
ein starkes Gemeinschaftsgefühl sind. In der Zukunft
könnten wir sehen, wie Gemeinschaftsnetzwerke und
lokale Ressourcen eine noch größere Rolle spielen,
indem sie Menschen in Zeiten der Not zusammenbringen
und unterstützen.

Ein weiterer Aspekt der Zukunft ist die wachsende
Bedeutung der Nachhaltigkeit. Krisen haben uns die
Fragilität unserer Umwelt und die Notwendigkeit eines
respektvollen Umgangs mit natürlichen Ressourcen vor
Augen geführt. In der Zukunft könnte der Krisenschutz
zunehmend mit nachhaltigen Praktiken verknüpft
werden, um nicht nur das Überleben im Hier und Jetzt zu
sichern, sondern auch zukünftige Generationen zu
schützen.

Insgesamt ist der Ausblick in die Zukunft des
Krisenschutzes sowohl herausfordernd als auch
hoffnungsvoll. Es ist eine Zukunft, die von Innovationen,
stärkeren Gemeinschaften und einem nachhaltigeren
Ansatz geprägt sein wird. Wie ein Baum, der seine
Wurzeln tief in die Erde treibt, während er seine Äste
nach oben streckt, wird auch der Krisenschutz weiterhin
in der Vergangenheit verwurzelt sein, während er nach
neuen Lösungen und Wegen in die Zukunft strebt.

Diese Reise in die Zukunft des Krisenschutzes ist auch eine Reise der menschlichen Anpassungsfähigkeit und Kreativität. Sie zeigt uns, dass, egal welche Herausforderungen auf uns zukommen, wir die Fähigkeit und die Ressourcen haben, darauf zu reagieren und Lösungen zu finden. Die Zukunft des Krisenschutzes ist nicht in Stein gemeißelt; sie ist ein lebendiges, sich entwickelndes Feld, in dem jeder von uns eine Rolle spielt.

Die Reflexion über die Vergangenheit und der Ausblick in die Zukunft des Krisenschutzes lehren uns, dass wir, während wir uns auf das Unvorhersehbare vorbereiten, auch die Chance haben, die Welt, in der wir leben, zu formen und zu verbessern. Es ist eine Einladung, aktiv an der Schaffung einer sichereren, widerstandsfähigeren und nachhaltigeren Welt mitzuwirken.

So ist der Ausblick in die Zukunft des Krisenschutzes nicht nur eine Frage der Bewältigung von Krisen, sondern auch eine Gelegenheit, die Art und Weise, wie wir leben, zu überdenken und zu verbessern. Es ist eine Zukunft, die sowohl Herausforderungen als auch Chancen bietet, und die uns daran erinnert, dass in jedem von uns die Kraft liegt, zum Wohl unserer Gemeinschaften und der Welt beizutragen.

o   Ressourcen für weiterführende
    Informationen und Training

In unser schnelllebigen Zeit die sich ständig weiterentwickelt und neue Herausforderungen mit sich bringt, ist die Suche nach weiterführenden Informationen und Training ein Abenteuer für sich. Es ist wie eine Schatzsuche, bei der man auf der Suche nach dem Wissen und den Fähigkeiten ist, die das Überleben sichern und das Leben bereichern können.

Das Internet ist wie eine unendliche Bibliothek, gefüllt mit einer Fülle von Informationen und Ressourcen. Websites, Blogs und Online-Foren bieten eine Vielzahl von Informationen zu allen Aspekten des Krisenschutzes und des Überlebens. Von detaillierten Anleitungen zur Wasserreinigung bis hin zu Ratschlägen für den Aufbau eines Notvorrats – das Internet ist eine Goldgrube für jeden, der sein Wissen erweitern möchte.

Doch das Abenteuer der Wissenserweiterung endet nicht im digitalen Raum. Bücher, sowohl klassische als auch moderne, bieten tiefgreifende Einblicke und Wissen, das oft über das hinausgeht, was online verfügbar ist. In Buchhandlungen und Bibliotheken finden sich Werke über Wildnisüberleben, Erste-Hilfe-Techniken, Selbstverteidigung und vieles mehr. Jedes Buch ist wie eine eigene kleine Welt, die darauf wartet, erkundet zu werden.

Workshops und Trainingseinheiten sind wie praktische Expeditionen in die Welt des Überlebens. Viele Organisationen und Einrichtungen bieten Kurse an, in denen man praktische Fähigkeiten erlernen kann – von der Feuerentfachung bis zur Notfallmedizin. Diese Trainings bieten nicht nur wertvolles Wissen, sondern auch die Möglichkeit, Fähigkeiten unter Anleitung erfahrener Instrukteure zu üben und zu verfeinern.

Für diejenigen, die es vorziehen, sich in einer Gemeinschaft zu engagieren, sind lokale Überlebens- und Krisenschutzgruppen eine hervorragende Ressource. Der Beitritt zu einer solchen Gruppe bietet die Möglichkeit, Erfahrungen auszutauschen, gemeinsam zu lernen und ein Netzwerk von Gleichgesinnten aufzubauen. Es ist wie das Zusammenkommen einer Gruppe von Abenteurern, die sich auf eine gemeinsame Reise vorbereiten.

Auch Messen und Konferenzen zum Thema Krisenschutz und Überleben bieten eine Fülle von Informationen und die Möglichkeit, die neuesten Produkte und Technologien kennenzulernen. Sie sind wie Jahrmärkte des Wissens, wo Experten und Enthusiasten zusammenkommen, um sich auszutauschen und die neuesten Entwicklungen in der Welt des Überlebens zu entdecken.

In der Summe bieten diese Ressourcen eine nahezu unerschöpfliche Quelle an Wissen und Erfahrungen. Ob durch das Lesen eines Buches, die Teilnahme an einem Workshop oder das Surfen im Internet, es gibt immer neue Dinge zu lernen und zu entdecken. Die Welt des Krisenschutzes und des Überlebens ist dynamisch und vielfältig, und für diejenigen, die bereit sind, sich auf die Reise des Lernens und der Entdeckung zu begeben, sind die Möglichkeiten grenzenlos.

Anhang

o Checklisten für Notfallvorsorge und -
   ausrüstung

In der Notfallvorsorge, wo jedes Detail zählt und die
richtige Ausrüstung überlebenswichtig sein kann, sind
Checklisten für Notfallvorsorge und -ausrüstung wie das
Drehbuch für den ultimativen Actionfilm. Sie bieten eine
strukturierte Anleitung und Sicherheit inmitten des
Chaos, das eine Krise mit sich bringen kann. Diese
Checklisten sind der rote Faden, der uns durch das
Labyrinth der Vorbereitung führt und sicherstellt, dass
kein wichtiges Element vergessen wird.

Die Erstellung einer solchen Checkliste ist wie das
Zusammenstellen eines Teams von Superhelden, wobei
jedes Element seine spezielle Funktion und seinen
einzigartigen Wert hat. Am Anfang steht immer das
Wasser, das Elixier des Lebens. Die Liste erinnert uns
daran, genügend Wasser zu lagern oder Mittel zur
Wasserreinigung bereitzuhalten. Es folgt die Nahrung –
von konservierten Lebensmitteln bis zu energiereichen
Snacks – die uns die nötige Energie für die Bewältigung
von Herausforderungen gibt.

Dann kommt die Schutzkleidung, die uns vor den
Elementen schützt. Ob Regenjacke, wärmende Kleidung
oder robuste Schuhe, jedes Kleidungsstück hat seinen
Platz auf der Liste. Ebenso wichtig sind

Unterkunftsmaterialien wie Zelte, Schlafsäcke und Isomatten, die uns in der Wildnis ein temporäres Zuhause bieten.

Die Checkliste führt uns weiter zu den Werkzeugen und Geräten, die in keiner Krisensituation fehlen dürfen. Von Taschenlampen über Mehrzweckwerkzeuge bis hin zu Feuerstartern – jedes Werkzeug hat seine eigene Rolle in unserem Überlebenskampf. Gleichzeitig erinnert uns die Liste an die Wichtigkeit von Erste-Hilfe-Materialien, die bei Verletzungen unverzichtbar sind.

Kommunikationsmittel sind ein weiterer kritischer Punkt auf unserer Checkliste. Sie sorgen dafür, dass wir in Verbindung bleiben können, sei es durch Handy, Radio oder andere Kommunikationsgeräte. Die Liste stellt sicher, dass wir für den Fall eines Kommunikationsausfalls gerüstet sind.

Zu guter Letzt enthält die Checkliste auch persönliche Gegenstände und wichtige Dokumente. Persönliche Medikamente, wichtige Unterlagen, Ausweisdokumente und vielleicht sogar ein paar persönliche Erinnerungsstücke, die in schwierigen Zeiten Trost spenden können, haben ihren festen Platz.

Das Erstellen und regelmäßige Überprüfen dieser Checklisten ist wie das Proben für den großen Auftritt. Es stellt sicher, dass, wenn der Vorhang aufgeht und die Krise eintritt, jede Szene perfekt gespielt wird. Diese Listen sind dynamisch und sollten regelmäßig angepasst werden, um den sich ändernden Bedürfnissen und Umständen Rechnung zu tragen.

Eine gut durchdachte Checkliste für Notfallvorsorge und
-ausrüstung gibt ein Gefühl der Kontrolle und
Vorbereitung. Sie ist wie ein Kompass in unsicheren
Zeiten, der den Weg weist und hilft, die Ruhe zu
bewahren. In einer Welt, in der das Unerwartete jederzeit
eintreten kann, sind diese Checklisten der Schlüssel dazu,
bereit und gerüstet zu sein.

Insgesamt sind Checklisten für Notfallvorsorge und -
ausrüstung mehr als nur eine Aufzählung von
Gegenständen; sie sind ein Plan für das Überleben und
das Wohlbefinden. Sie erinnern uns daran, dass, obwohl
wir nicht alle Aspekte des Lebens kontrollieren können,
wir uns durch Vorbereitung und Planung auf die
Herausforderungen vorbereiten können, die vor uns
liegen. Diese Listen sind das Fundament, auf dem ein
sicheres und zuversichtliches Handeln in jeder
Notfallsituation aufgebaut wird.

In der vielfältigen und manchmal verwirrenden Welt des Krisenmanagements und des Überlebens ist ein Glossar wichtiger Begriffe und Konzepte wie ein Kompass, der uns durch das Dickicht der Fachterminologie führt. Es ist wie das Entziffern einer geheimen Sprache, die uns hilft, die Welt der Notfallvorsorge und des Überlebens besser zu verstehen und zu navigieren.

Dieses Glossar beginnt mit Begriffen wie „Bug-Out-Bag", einem Rucksack, der für den schnellen Aufbruch in einer Krisensituation vorbereitet ist. Er ist wie ein treuer Weggefährte, der alles Notwendige für die ersten Tage nach einer Katastrophe beinhaltet. Dann gibt es das „Get-Home-Bag", das darauf ausgerichtet ist, Ihnen zu helfen, nach einer unvorhergesehenen Notlage sicher nach Hause zu kommen.

Ein weiterer wichtiger Begriff ist die „Selbstversorgung", die Fähigkeit, ohne externe Hilfe zu überleben. Sie ist wie das Steuern eines Schiffes ohne Kapitän, wo man auf sich selbst angewiesen ist, um durch die stürmischen Gewässer zu navigieren. Dazu gehört das Wissen um die Beschaffung von Wasser und Nahrung, die Errichtung von Unterkünften und die medizinische Selbstversorgung.

„Nachhaltigkeit" ist ein weiteres Schlüsselkonzept, das die Bedeutung der langfristigen Erhaltung von Ressourcen und die Minimierung von Umweltauswirkungen betont. Es ist wie das Pflegen eines Gartens, der nicht nur für heute, sondern auch für morgen und die kommenden Generationen Nahrung und Schönheit bietet.

Das Wort „Resilienz" hat auch einen besonderen Platz in unserem Glossar. Es beschreibt die Fähigkeit, sich von Schwierigkeiten zu erholen und sich an Veränderungen anzupassen. Resilienz ist wie ein elastisches Band, das sich dehnen und biegen lässt, ohne zu brechen, und das immer wieder in seine ursprüngliche Form zurückkehrt.

„Prepping", ein weiterer zentraler Begriff, bezieht sich auf die Praxis der Vorbereitung auf Notfälle und Katastrophen. Es ist wie das Zusammenstellen eines Plans und eines Werkzeugkastens, um auf unerwartete Ereignisse vorbereitet zu sein.

„Frühwarnsysteme" sind technologische Hilfsmittel, die uns warnen, bevor eine Gefahr eintritt. Sie sind wie Wächter, die unaufhörlich Ausschau halten und Alarm schlagen, wenn sich ein Sturm am Horizont zusammenbraut.

Das Konzept der „Ersten Hilfe" bezieht sich auf die grundlegenden medizinischen Maßnahmen, die in Notfallsituationen ergriffen werden können. Es ist das medizinische Äquivalent zum Löschen eines kleinen Feuers, bevor es sich zu einem großen Brand ausweitet.

„Nachhaltige Lebensmittelversorgung" ist ein weiterer wichtiger Aspekt, der sich mit der langfristigen Sicherung von Nahrungsquellen beschäftigt. Es geht nicht nur darum, genügend zu essen zu haben, sondern

auch um die Art und Weise, wie diese Nahrung
produziert und konsumiert wird.

Zuletzt ist da noch der Begriff „Fluchtrucksack“, der sich
auf einen speziell vorbereiteten Rucksack bezieht, der für
eine schnelle Flucht aus einer gefährlichen Situation
konzipiert ist. Er ist wie ein Rettungsboot, das bereitsteht,
um uns von einem sinkenden Schiff in Sicherheit zu
bringen.

Insgesamt ist dieses Glossar wichtiger Begriffe und
Konzepte wie eine Schatzkarte, die uns hilft, die
verborgenen Juwelen des Wissens und der Vorbereitung
im Bereich des Krisenmanagements und des Überlebens
zu entdecken. Es bietet nicht nur eine klare Orientierung,
sondern erweitert auch unser Verständnis und unsere
Fähigkeiten, um uns für die Herausforderungen des
Lebens zu rüsten.

Abschlusswort

Liebe Leserinnen und Leser,

wir sind am Ende einer außergewöhnlichen Reise
angelangt – einer Reise durch die vielschichtige Welt des
Krisenschutzes und des Überlebens. Ich hoffe, dass
dieses Buch nicht nur Ihr Wissen erweitert, sondern auch
Ihre Sichtweise auf die Bedeutung von Vorbereitung und
Resilienz in unserem modernen Leben verändert hat.

In den Seiten dieses Buches haben wir gemeinsam die
Grundlagen des Überlebens erforscht, von der Bedeutung
von Wasser und Nahrung bis hin zu fortgeschrittenen
Techniken der Navigation und Selbstverteidigung. Wir
haben die Wichtigkeit der Informationsbeschaffung und -
verteilung erkannt und die Balance zwischen modernen
und traditionellen Kommunikationsmitteln beleuchtet.
Jedes Kapitel war ein Schritt auf dem Weg, um Sie
besser auf die Unwägbarkeiten des Lebens vorzubereiten.

Es ist mein Wunsch, dass dieses Buch für Sie mehr als
nur eine Informationsquelle ist. Möge es ein Anstoß sein,
sich aktiv mit den Herausforderungen
auseinanderzusetzen, denen wir in unserer sich ständig
wandelnden Welt gegenüberstehen. Die Fähigkeiten und
das Wissen, das Sie hier erworben haben, sind nicht nur
für Extremsituationen relevant, sondern können auch im
Alltag wertvolle Dienste leisten.

Ich ermutige Sie, weiterhin neugierig zu bleiben, sich
weiterzubilden und Ihre Fähigkeiten zu vertiefen.
Krisenschutz und Überleben sind dynamische Felder, die

ständige Aufmerksamkeit und Anpassung erfordern.
Behalten Sie den Geist der Vorbereitung bei und teilen
Sie Ihr Wissen und Ihre Erfahrungen mit anderen, denn
in der Gemeinschaft liegt Stärke.

Danke, dass Sie mich auf dieser Reise begleitet haben.
Möge dieses Buch ein treuer Begleiter auf Ihrem Weg
sein, ein Leuchtturm in Zeiten der Unsicherheit und ein
Quell der Inspiration, um die Herausforderungen des
Lebens mit Zuversicht und Weisheit zu meistern.
Erinnern Sie sich daran, dass Vorbereitung der Schlüssel
ist, nicht nur um zu überleben, sondern um in jeder
Situation das Beste daraus zu machen.

Mögen Sie stets sicher, stark und vorbereitet sein. Auf Ihr
Wohl und das Wohl Ihrer Liebsten.

Mit den besten Wünschen für eine sichere und erfüllte
Zukunft!

Über den Autor

Mein Name ist Bernd Höhle, und ich lade Sie ein den
Weg durch die faszinierende Welt des Krisenschutzes,
der Notfallvorsorge und des Survivals weiterzugehen.
Schon seit meiner Kindheit haben mich Outdoor-
Aktivitäten und das Überleben in Extremsituationen
begeistert. Aufgewachsen bin ich in einem Haushalt, in
dem Sicherheit großgeschrieben wurde. Mit einer
Ausstattung, die von Notfall-Ausrüstungen über Waffen
bis hin zu autarken Energieversorgungen und einem
eigenen Atomschutzbunker reichte, war unser Zuhause
ein wahres Fort der Vorsorge.

In Zeiten der Krise, als Hamsterkäufe und die
Aktivierung unseres rotierenden Notvorratsprogramms
an der Tagesordnung waren, lernte ich die Bedeutung
von sorgfältiger Vorbereitung und umsichtiger Planung.
Mein Vater war in dieser Hinsicht seiner Zeit weit
voraus, und seine Philosophie hat meinen Sinn für
Krisenschutz und Sicherheit nachhaltig geprägt.

Heute, Jahrzehnte später, habe ich mein Wissen und
meine Erfahrungen genutzt, um Ausbilder für Erste Hilfe,
Krisenschutz, Survival, Selbstschutz und Kampfkunst zu
werden. In diesem Buch habe ich einen Überblick über
die relevanten Themen gegeben, wobei jedes einzelne
Thema genug Stoff für ein eigenes Buch bietet. Es ist das
Ergebnis einer lebenslangen Leidenschaft und
tiefgreifenden Erfahrung in den Bereichen, die für die
Sicherheit und das Überleben in Krisenzeiten
entscheidend sind.

Wir, von der International Survival Association der MAA, sind stolz darauf, Workshops, Schulungen und Ausbildungen in den Bereichen Krisenschutz, Notfallvorsorge, Survival-Training und Selbstschutz anzubieten. Unser Ziel ist es, Wissen und Fähigkeiten zu vermitteln, die in heutigen unsicheren Zeiten unverzichtbar sind. Wir bieten praxisorientierte Kurse, die von erfahrenen Fachleuten geleitet werden und darauf abzielen, Menschen aller Altersgruppen und Fähigkeiten auf die unterschiedlichsten Szenarien vorzubereiten.

Wenn Sie Interesse an unseren Programmen haben oder mehr über spezifische Techniken und Strategien erfahren möchten, zögern Sie bitte nicht, uns zu kontaktieren.

Sie erreichen uns unter info@MAA-I.com, wo wir bereitstehen, um Ihre Fragen zu beantworten und Sie auf Ihrem Weg zu mehr Sicherheit und Überlebensfähigkeit zu begleiten.

Dieses Buch ist nur ein Anfang – ein Fenster in eine Welt, die sowohl herausfordernd als auch unendlich belohnend ist. Egal ob Sie ein Anfänger oder ein erfahrener Überlebenskünstler sind, es gibt immer etwas Neues zu lernen und Wege, sich weiterzuentwickeln. Ich lade Sie herzlich ein, Teil unserer Gemeinschaft zu werden und gemeinsam mit uns die Fähigkeiten zu erwerben, die in der heutigen Welt so entscheidend sind.

Bereiten Sie sich mit uns vor, wachsen Sie über sich hinaus und entdecken Sie die Kunst des Überlebens, des Krisenschutzes und der Selbstverteidigung. Wir freuen uns darauf, Sie auf Ihrer Reise zu begleiten.